HISTOIRE
DE LA GUERRE D'ALGÉRIE
(1954-1962)

Éditions La Découverte
9 *bis*, rue Abel-Hovelacque
75013 PARIS

Le logo qui figure au dos de la couverture de ce livre mérite une explication. Son objet est d'alerter le lecteur sur la menace que représente pour l'avenir de l'écrit, tout particulièrement dans le domaine des sciences humaines et sociales, le développement massif du photocopillage.

Le code de la propriété intellectuelle du 1er juillet 1992 interdit en effet expressément la photocopie à usage collectif sans autorisation des ayants droit. Or, cette pratique s'est généralisée dans les établissements d'enseignement supérieur, provoquant une baisse brutale des achats de livres, au point que la possibilité même pour les auteurs de créer des œuvres nouvelles et de les faire éditer correctement est aujourd'hui menacée.

Nous rappelons donc que toute reproduction, partielle ou totale, du présent ouvrage est interdite sans autorisation de l'auteur, de son éditeur ou du Centre français d'exploitation du droit de copie (CFC, 3, rue d'Hautefeuille, 75006 Paris).

Si vous désirez être tenu régulièrement informé de nos parutions, il vous suffit d'envoyer vos nom et adresse aux Éditions La Découverte, 9 *bis*, rue Abel-Hovelacque, 75013 Paris. Vous recevrez gratuitement notre bulletin trimestriel **A la Découverte**.

© Éditions La Découverte, Paris, 1993, 1995.
ISBN 2-7071-2183-5

Introduction
Pourquoi un conflit si âpre ?

Le 19 mars 1962, à midi, le cessez-le-feu conclu la veille, lors de la signature des accords d'Évian, devenait effectif. Il mettait fin « aux opérations militaires et à la lutte armée sur l'ensemble du territoire algérien ». Ainsi s'achevait une guerre de quatre-vingt-douze mois dont le bilan, de part et d'autre, devait se révéler bien lourd.

En Algérie, le conflit a causé des centaines de milliers de morts, occasionné le déplacement de millions de paysans, déstructuré l'économie. En outre, il a amené au pouvoir le FLN (Front de libération nationale) qui s'est présenté comme le seul héritier du nationalisme algérien. Bénéficiant d'une extraordinaire popularité dans les masses algériennes en 1962, il s'est ensuite installé comme parti unique et a nié pendant presque trente ans tout pluralisme politique et culturel.

En France, si les victimes furent beaucoup moins nombreuses, le traumatisme n'en a pas été moins puissant. Faut-il rappeler que près de 2 000 000 soldats ont traversé la Méditerranée entre 1955 et 1962, soit la plupart des jeunes nés entre 1932 et 1943 qui étaient susceptibles d'être appelés ? Toute une génération s'est donc trouvée embarquée pour une guerre dont elle ne comprenait pas les enjeux. Politiquement, le conflit a entraîné la chute de six présidents du Conseil, et l'effondrement d'une République.

La guerre d'indépendance algérienne fut donc, avec celle d'Indochine (1946-1954), la plus dure guerre de décolonisation française du siècle. Comment comprendre l'âpreté de ce conflit ?

Au moment où éclate l'insurrection le 1er novembre 1954, « l'Algérie, c'est la France », selon le mot de François

Mitterrand, alors ministre de l'Intérieur dans le cabinet de Pierre Mendès France. Elle représente trois départements français. Beaucoup plus, donc, qu'une colonie lointaine comme le Sénégal ou que la Tunisie, simple protectorat.

Après une conquête très meurtrière, commencée en 1830, et qui se traduit par une dépossession foncière à l'encontre des Algériens musulmans, s'installe une forte colonie de peuplement[1]. En 1954, près d'un million d'Européens, ceux que l'on appellera plus tard les « pieds-noirs », y travaillent et y vivent depuis des générations. Ce ne sont pas tous des « grands colons » surveillant leurs domaines. La plupart ont un niveau de vie inférieur aux habitants de la métropole. Cette colonie de peuplement prolétarisée se trouve représentée par les grands partis traditionnels de l'hexagone (de gauche et de droite) dont le fonctionnement et les conceptions relèvent du modèle de centralisation jacobine.

A la fin du XIXe siècle, l'Algérie n'est pas administrée par le ministère des Colonies, mais dépend du ministère de l'Intérieur. Il semble donc hors de question d'abandonner un territoire rattaché à la France depuis cent trente ans, avant même que la Savoie (1860). La découverte du pétrole, le choix d'utiliser l'immensité saharienne pour le début d'expériences nucléaires ou spatiales vont venir s'ajouter à ces motifs dans le cours même de la guerre.

La France envoie ainsi combattre ses soldats dans un territoire français du « Sud » qui réclame son droit à la sécession. Neuf millions d'Algériens musulmans sont de faux citoyens d'une République qui se veut assimilationniste : ils votent dans un collège séparé de celui des Européens depuis 1947. Le principe d'égalité, « un homme, une voix », n'est pas respecté. L'idée d'indépendance, partagée par une proportion croissante d'Algériens, apparaît comme la seule façon de dénouer cette contradiction.

La guerre finie, d'un côté comme de l'autre de la Méditerranée, on s'efforcera d'en effacer les traces sanglantes, réelles. En France, aucune commémoration ne viendra perpétuer le souvenir des combattants de tous bords, et la chaîne des amnisties successives construira l'oubli d'un conflit inavouable. En Algérie, une frénésie commémorative fondera, en fait, une légitimité militaire étatique, dissimulant le plu-

1. Cf. Benjamin STORA, *Histoire de l'Algérie coloniale, 1830-1954*, La Découverte, coll. « Repères », Paris, 1992.

ralisme et les affrontements ayant existé entre les mouvements indépendantistes, et au sein du FLN lui-même.

Pendant longtemps, les souvenirs des sept années de guerre ont pourtant eu peine à disparaître. Les douleurs et les fureurs des acteurs du drame ont envahi le champ d'écriture de cette histoire. Plus de trente ans après, la guerre d'Algérie commence à devenir un objet d'études, d'histoire. De nouvelles pistes de réflexions et de connaissances s'ouvrent : les mentalités de guerre, les propagandes meurtrières, les pratiques sociales, le désarroi des civils, les attitudes dans des régions de France et d'Algérie, l'engagement et les replis frileux des individus, des groupes[2].

---

2. Sur le démarrage du travail historique en France, voir *Les Chemins de la décolonisation de l'Empire français*, sous la direction de C. R. AGERON, Actes d'un colloque du CNRS en 1984, Éd. du CNRS, Paris, 1987, 576 pages ; *La Guerre d'Algérie et les Français*, sous la direction de J.-P. Rioux, Actes d'un colloque de l'IHTP en 1988, Fayard, Paris, 1990. Du côté algérien, les ouvrages de Slimane CHIKH (1981), Mohammed HARBI (1980), Ramdane REDJALA (1988), Mohamed TEGUIA (1984) (voir bibliographie en fin de volume).

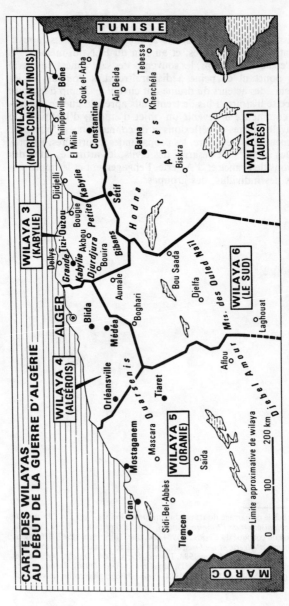

Carte extraite de l'ouvrage *Histoire au jour le jour* (1944-1991), Le Monde-Éditions, Paris.

I / La « drôle de guerre »
(Novembre 1954-juillet 1955)

Octobre, veille d'une guerre

En ce mois d'octobre 1954, la France vit au rythme lent d'une IVᵉ République, qui n'est pas sans avoir beaucoup emprunté à la IIIᵉ. La politique se fait toujours dans les bureaux calfeutrés, les élus de province courent de banquet en inauguration, de discours creux en querelles obscures. René Coty est à l'Élysée, et Pierre Mendès France, le président du Conseil, à l'hôtel Matignon. Charles de Gaulle, retiré des affaires publiques, attend son heure à Colombey-les-Deux-Églises, depuis neuf ans. Guy Mollet, lunettes au bout du nez, surveille du coin de l'œil la toute-puissante SFIO (section française de l'Internationale ouvrière), l'un des ancêtres du Parti socialiste d'aujourd'hui. Les communistes sont encore tout ébranlés par la disparition de Staline, mort depuis vingt mois. Nasser est l'homme fort du Caire, et sa révolution du nationalisme arabe se poursuit.

Eisenhower est à la Maison-Blanche. Il vient de nommer un Noir général de l'armée de l'air. C'est le premier. A Londres, l'amiral Mountbatten est nommé Premier Lord de la mer. A Stockholm, les jurés du prix Nobel couronnent un écrivain de guerre, Esnest Hemingway. La décision est mal accueillie. Les troupes italiennes viennent de rentrer dans Trieste que les Yougoslaves leur ont restituée. Scènes de liesse. A Paris, on signe les accords franco-allemands sur la Sarre. Partout, on veut solder les comptes de la Seconde Guerre mondiale.

Mais, que de taches sombres sur la planète ! En URSS, le goulag n'est pas mort avec Staline ; en Afrique, la décolonisation reste à venir ; des pans entiers d'Asie croupissent dans la misère et le sous-développement. En Chine les communistes ont pris le pouvoir cinq ans plus tôt. Pour désigner ces zones appauvries, le mot « tiers monde » apparaît, circule. Franco tient toujours l'Espagne sous sa coupe. Et, aux États-Unis, sévit le maccarthysme. Batista, qui deviendra très vite un féroce dictateur, est élu à Cuba...

La France, officiellement, est en paix. De l'autre côté de la Méditerranée, à Carthage, en juillet 1954, Pierre Mendès France a promis une évolution vers l'autonomie pour la Tunisie et le Maroc qui, depuis trois ans, sont au bord du soulèvement général. La guerre, la vraie, celle d'Indochine, est finie. Bigeard et beaucoup d'officiers parachutistes, amaigris, vaincus, sont sortis des camps de prisonniers du Viêtminh. Ils méditent sur les causes de la défaite militaire de Diên-Biên-Phu, du 7 mai 1954. Terrible leçon qu'ils ne sont pas prêts d'oublier.

Le week-end de la fin octobre 1954 a été meurtrier : trente-quatre morts. La route commence à tuer, massivement. La France affronte les problèmes d'une nation en paix, et qui commence à s'enrichir. Ses victimes, et ses défaites, ce sont désormais celles des stades. Au parc des Princes, le XIII de France, bien emmené par Puig Aubert, vient de battre la Nouvelle-Zélande. La stabilisation des prix, acquise sous la présidence du Conseil d'Antoine Pinay à partir de 1952, est un événement considérable. La vieille hantise de l'inflation par les prix, qui avait marqué si fort l'après-guerre, s'éloigne. Ce fait ravale « au rang de péripéties politiciennes les catastrophes diplomatiques et coloniales, emplit donc d'aise les Français qui entendent profiter des fruits de l'expansion après avoir assuré leurs arrières en consolidant leur pouvoir d'achat » [J.-P. Rioux, 1990]*.

L'actualité culturelle, dans l'année 1954, n'en demeure pas moins abondante. On lit le dernier prix Goncourt, *Les Mandarins*, de Simone de Beauvoir, fresque sur un milieu qu'elle connaît par cœur. Cette année-là, une jeune débutante de bonne famille publie son premier roman dont le titre est emprunté à Eluard, *Bonjour Tristesse*. Jean Giono, qui publie *Voyage en Italie*, est accueilli au sein de l'Académie Goncourt. Albert Camus non plus n'est pas absent de ce

---

* Les références entre crochets renvoient à la bibliographie en fin d'ouvrage.

paysage. Un recueil de textes participe au débat d'idées du moment *(Actuelles II)*. Et aussi une longue prose hantée d'éblouissements et d'inquiétudes *(L'Été)*. En ce mois d'octobre 1954, les cinéphiles peuvent voir dans les salles obscures *Touchez pas au grisbi*, du grand Jacques Becker, héritier, d'une certaine façon, de Jean Renoir ; *Tant qu'il y aura des hommes*, de Fred Zinnemann ; *Vacances romaines*, de William Wyler, avec Audrey Hepburn ; *Sur les quais*, d'Elia Kazan, ou *Le crime était presque parfait*, d'Alfred Hitchcock...

Le 31 octobre, les députés bouclent leurs valises pour gagner Paris où la session parlementaire va reprendre le surlendemain. Pierre Mendès France, l'homme qui a fait la paix en Indochine, se prépare, lui, à partir pour les États-Unis. Il songe à un remaniement ministériel. La semaine précédente, il a proposé à cinq socialistes d'entrer dans son gouvernement. La Bourse, aussitôt, a baissé. Puis, elle a remonté, rassurée : Edgar Faure restera aux finances jusqu'au vote du budget.

Cette journée de la Toussaint 1954 commence par un symbole. Très loin, à Pondichéry, le soleil s'est levé sur un nouveau drapeau. Il est vert, orange et blanc. La veille, au coucher du soleil, on avait enlevé le drapeau français qui flottait encore sur le plus grand des quatre comptoirs. L'Empire français des Indes n'existe plus. Tout s'est bien passé à Pondichéry...

L'explosion

Entre minuit et deux heures du matin, le 1er novembre 1954, l'Algérie est réveillée par des explosions. Du Constantinois à l'Oranie, incendies, attaques de commandos révèlent l'existence d'un mouvement concerté, coordonné. A Alger, Boufarik, Bouira, Batna, Khenchela..., trente attentats presque simultanés contre des objectifs militaires ou de police, sont perpétrés.

Très vite, François Mitterrand, ministre de l'Intérieur, met à la disposition du gouvernement général de l'Algérie trois compagnies de CRS, soit six cents hommes qui quittent Paris en début d'après-midi, par avion. Un premier bataillon de parachutistes fait mouvement sous le commandement du colonel Ducourneau. Trois autres suivront le lendemain. Le secrétaire d'État à la Guerre est d'ailleurs déjà sur place à

Alger. Pour une autre raison : il est aussi député et maire de la ville. C'est Jacques Chevallier. *Le Populaire* est navré : « Les attentats interviennent justement au moment où la France a un gouvernement dont la politique compréhensive en Afrique du Nord est susceptible d'amener l'apaisement partout où il y avait tension », écrit le quotidien de la SFIO. Le fait est, qu'à Paris, ce jour-là, on tombe de haut. François Mitterrand n'avait-il pas quelques semaines plus tôt ramené de son voyage en Algérie le sentiment que les choses allaient mieux là-bas ?

L'insurrection provoque la mort de sept personnes. L'assassinat de l'instituteur Guy Monnerot dans les Aurès et du caïd profrançais de M'Chounèche, Hadj Sadok, soulèvent une vive émotion. Mais les attaques contre les postes de police, des casernes ou des installations industrielles n'ont pas l'ampleur que les initiateurs du 1er novembre espéraient. Le réseau mis en place à Alger est démantelé par la police en moins de deux semaines. Seul l'Aurès, dans le Constantinois, pose un véritable problème militaire : les « rebelles » s'y sont assuré le concours des « bandits d'honneur » (en particulier le célèbre Grine Belkacem), qui tiennent le maquis depuis des années. Il y a aussi la grande Kabylie, où plusieurs centaines d'hommes rompus à la clandestinité, sous la conduite d'Amar Ouamrane et Krim Belkacem, sont prêts pour une action prolongée.

En ce 1er novembre, personne ne pense sérieusement que la France vient d'entrer dans une nouvelle guerre. Les « événements » font deux colonnes dans *Le Monde*. Une seule dans *L'Express*, daté du 6 novembre, qui dénonce violemment les « menées subversives » de la Ligue arabe, et le vieux chef du courant indépendantiste radical, Messali Hadj. Ce n'est pourtant pas lui qui est à l'origine de l'explosion du 1er novembre, mais d'autres jeunes responsables, en révolte contre la présence coloniale française et l'immobilisme de leur propre parti déchiré par des luttes internes.

Les hommes de novembre

Le 1er novembre 1954, une organisation, jusque-là inconnue, revendique toutes les opérations militaires : le *Front de libération nationale* (FLN). Cette « rébellion » est dirigée de l'intérieur par six hommes : Larbi Ben M'Hidi, Didouche

Mourad, Rabah Bitat, Krim Belkacem, Mohamed Boudiaf, Mostefa Ben Boulaïd. La représentation extérieure au Caire est assurée par Hocine Aït Ahmed, Ahmed Ben Bella et Mohamed Khider. Tous sont issus d'une organisation, le Parti du peuple algérien — Mouvement pour le triomphe des libertés démocratiques (PPA-MTLD), qui compte dans ses rangs près de 20 000 militants. Tous évoluent, depuis plusieurs années, dans la lutte politique prônée par ce parti.

C'est à partir de la revendication à l'autonomie d'une « culture héritée d'un long et glorieux passé », à partir de titres transmis par l'histoire, que ce mouvement s'efforce de légitimer la revendication de l'indépendance. Dans ce sens, l'arabo-islamisme apparaît comme un retour aux sources de la morale ancestrale. Centralisateur, il tend à lutter contre le particularisme, en particulier linguistique. On l'a vu en 1949 lorsque sont écartés des postes de direction les partisans de la culture berbère, taxés de « berbéro-matérialistes ». Le PPA-MTLD prône une stratégie de rupture avec la présence française. Ses jeunes activistes, adeptes de la lutte armée, vont jeter les bases du FLN, et s'affrontent violemment avec le vieux leader du PPA-MTLD, Messali Hadj, qui fonde le *Mouvement national algérien* (MNA) en décembre 1954.

Dans la direction de ce courant « activiste », le plus jeune (Omar Belouizdad) a vingt-six ans en 1954, le plus âgé (Mostefa Ben Boulaïd), trente-sept ans. Un seul de ces leaders, Mohamed Khider (âgé de quarante-deux ans en 1954), qui a rejoint le groupe à la veille du 1er novembre, a connu l'*Étoile nord-africaine*, la première organisation indépendantiste, en 1936 ; il a été mêlé à l'affaire du hold-up politique de la poste d'Oran organisé en 1949 par l'OS (*Organisation spéciale*, la branche du PPA-MTLD, chargée de préparer une insurrection militaire, qui sera démantelée par la police française en 1950 et 1951). Ce fait n'est pas sans importance. Car, ce qui les soude, c'est que tous, sans exception et quel que soit leur âge, ont fait partie de l'OS, ont dû fuir, se cacher, pour éviter la répression. Le sens qu'ils donnent à la transmission de l'héritage légué par les pionniers du nationalisme se résume dans le recours à l'*action directe*. De nombreux cadres activistes du PPA appelés à jouer un rôle « historique » dans la conduite ultérieure de la révolution algérienne sont issus de grandes familles, touchées elles-mêmes par le déclassement social général à l'œuvre dans la société algérienne.

Hocine Aït Ahmed, né le 20 août 1926 à Aïn-el-Hammam (ex-Michelet) est issu d'une très grande lignée maraboutique de Kabylie. Larbi Ben M'Hidi, né en 1923 au douar El Kouahi dans le Constantinois, près d'Aïn M'Lila, provient d'une famille maraboutique, notables des hautes plaines constantinoises. Mohamed Boudiaf, né le 23 juin 1919 à M'Sila dans le Hodna, est issu d'une famille aisée déclassée par la décolonisation, Krim Belkacem, né le 14 décembre 1922 au douar Aït Yahia près de Dra-El-Mizan en Kabylie, est le fils d'un garde-champêtre, Hocine Krim, qui finit par être nommé petit caïd. Ces quatre dirigeants, éminemment connus, qui adhèrent au PPA pendant la Seconde Guerre mondiale et vont rapidement accéder à d'importantes responsabilités, ont tous entrepris des études les conduisant à la première partie du bac pour Aït Ahmed, au collège de Bou Saada pour Boudiaf, à des études d'art dramatique pour Larbi Ben M'Hidi, au certificat d'études pour Krim Belkacem. Des études qu'ils arrêtent au moment de l'entrée en politique, marquée par le passage dans la clandestinité.

Si les fils de grandes familles rurales sont touchés par la propagande indépendantiste, il existe néanmoins des nationalistes appartenant à la catégorie des notables, et ce, dès l'entre-deux-guerres. Exemples particulièrement rares mais qui méritent également d'être relevés car traduisant le passage, à la campagne, d'une situation de résistance à l'étranger, au sentiment national moderne. Un responsable très connu, Mostefa Ben Boulaïd, traduit bien la présence de cette catégorie sociale à la direction du courant indépendantiste. Né en 1917, il est fils de petits propriétaires fonciers. Il succède à son père et devient meunier de profession. Mobilisé en 1939, il fait la guerre dans l'armée française, est réformé pour blessure en 1942, puis remobilisé en 1943-1944 à Khenchela. Adjudant rendu à la vie civile, il devient président de la corporation des marchands de tissus de l'Aurès, fonde une petite minoterie à Lambese. A ce moment, il obtient une licence pour exploiter une ligne de cars Arris-Batna. Les suites de son itinéraire sont connues : membre du comité central du MTLD, membre fondateur du CRUA (Comité révolutionnaire pour l'unité et l'action) en avril 1954 qui donnera naissance au FLN, il mourra au combat en 1956.

Vivant au milieu d'activités variées, soupçonnant l'évasion possible hors de leurs conditions sociales par les études qu'ils entreprennent ou les fonctions qu'ils occupent, les nouveaux dirigeants activistes découvrent d'autres mœurs, d'autres possibilités d'action politique. Plus « critiques », plus « raisonneurs » que les vétérans de la lutte nationaliste des années trente, la recherche de raccourci politique prédomine dans leurs analyses. Le lent travail collectif, patient, leur paraît dépassé. Le tournant de 1945, marqué par le massacre de Sétif, joue pour eux plus un rôle d'accélérateur que de révélateur, et précipite la mise en retrait du groupe construit dans l'entre-deux-guerres autour de Messali Hadj. Ce dernier, qui avait impulsé les premières organisations indépendantistes, est encore le véritable chef charismatique du mouvement national algérien [Stora, 1986]. Il ne voit pas l'émergence de ceux qui ne croient plus à l'action politique classique (grèves, pétitions, manifestations...). Les « activistes » de son parti préconisent le recours à la lutte armée pour sortir de l'impasse coloniale.

Réformes et répression

« L'Algérie est française depuis longtemps. Il n'y a donc pas de sécession concevable », affirme, le 12 novembre, le président du Conseil, Pierre Mendès France, devant l'Assemblée nationale. Le ministre de l'Intérieur, François Mitterrand, ajoute : « Ma politique se trouvera définie par ces trois mots : volonté, fermeté, présence. » De son côté, le bureau politique du PCF déclare, le 9 novembre, « qu'il ne saurait approuver le recours à des actes individuels susceptibles de faire le jeu des colonialistes, si même ils n'étaient pas fomentés par eux ». Pourtant des militants communistes, en particulier dans les Aurès, rejoignent les maquis dès novembre. Seuls, et très minoritaires, des militants trotskistes et anarchistes, se prononcent, en France, résolument pour l'indépendance algérienne.

Comment croire à une simple flambée de banditisme, d'actes isolés, individuels, en cet automne 1954 ? Le gouverneur d'Algérie, Roger Léonard, à Alger, et le directeur de la Sûreté, Jean Vaujour, avaient averti le gouvernement de l'imminence d'une insurrection. Le 20 novembre 1954, la Tunisie vient de se voir reconnaître le droit à l'autonomie interne. Des contacts sont déjà pris pour le retour du sultan du Maroc sur son trône. Le monde arabe vit à l'heure de la révolution nassérienne... Le tranchant des déclarations officielles cache mal les secousses qui traversent l'Empire colonial. *Mais, pour l'Algérie, personne dans la classe politique française n'imagine encore la possibilité d'une quelconque indépendance.* Le gouvernement français se montre très ferme dans sa volonté répressive. Le 5 novembre 1954, la principale organisation indépendantiste, le MTLD, est dissoute, ses responsables arrêtés, des centaines de militants plongent dans la clandestinité. La plupart iront grossir les rangs des premiers maquisards. Des renforts militaires sont acheminés vers l'Algérie. Le 2 février 1955, à la Chambre, François Mitterrand déclare : « Avant la formation du gouvernement, soit à la mi-juin 1954, il y avait en Algérie 49 000 hommes, dont trois compagnies républicaines de sécurité (CRS). Avant le 1er novembre, soit dans la première phase où, sous l'autorité de Monsieur le président du Conseil, j'ai eu la responsabilité de l'affaire d'Algérie, 75 000 hommes furent envoyés en renfort. Après le 1er novembre, 26 000 ont été fournis à l'Algérie, non compris les goums formés sur place. L'effectif est aujourd'hui de 83 400 hommes. Il est donc de 60 % supérieur à celui que le gouvernement a trouvé en Algérie à son arrivée au pouvoir. »

Le 15 janvier 1955, le principal responsable du FLN du Constantinois, Didouche Mourad, est tué au cours d'un accrochage avec l'armée française. Un mois plus tard, le 11 février, le responsable FLN des Aurès, Mostefa Ben Boulaïd, est arrêté. Mais l'envoi des renforts et les opérations militaires doivent s'accompagner de profondes réformes. En janvier 1955, le gouvernement élabore un programme pour l'Algérie :

— création, à Alger, d'une École d'administration afin de favoriser l'accès des Algériens musulmans aux postes de responsabilité dans la fonction publique (sur 2 000 fonctionnaires du gouvernement général de l'Algérie, 8 sont musulmans ; 15 % seulement des enfants musulmans sont scolarisés ; on compte un étudiant européen pour 227 habitants européens d'Algérie, un étudiant musulman pour 15 342 habitants musulmans) ;

— réduction de l'écart entre salaires algériens et salaires européens (le revenu brut de l'Européen d'Algérie est vingt-huit fois supérieur à celui du musulman) ;

— mise en chantier de grands travaux d'équipement, des zones entières ne connaissant ni routes, ni bureaux de mairie, ni bureaux de postes ; faire face à l'état de misère économique de nombreuses régions d'Algérie, aux difficultés entraînées par une très forte pression démographique (on compte 850 000 chômeurs partiels ou totaux pour une population active de 2 300 000 salariés).

Ce programme sera peu discuté, et pour cause. Le 5 février 1955, le gouvernement de Pierre Mendès France est renversé. A l'issue d'un débat sur l'Afrique du Nord, à 5 heures du matin, le résultat du scrutin tombe : 319 députés ont voté le refus de confiance au gouvernement contre 273. La droite, les centristes et les communistes applaudissent. Les catholiques du MRP (centristes) ont participé à cette chute, attitude que ne comprend pas l'hebdomadaire *Témoignage chrétien* qui estime que « sept mois s'achèvent qui ont marqué une incontestable novation » (*TC*, 4 février 1955).

Jacques Soustelle rejoint Alger au lendemain de la chute du cabinet Mendès, remplacé par celui d'Edgar Faure, le 11 février. Le nouveau gouverneur d'Algérie, ethnologue et gaulliste, a une réputation justifiée d'homme ouvert, libéral. Il a le courage de prendre dans son cabinet le commandant Vincent Monteil, grand arabisant, et l'ethnologue Germaine Tillion, spécialiste de l'Aurès. Jacques Soustelle est très mal accueilli par ceux qui font la loi à Alger. On baptise ce Cévenol d'origine protestante, « Ben Boussan ». Tout est-il encore possible en Algérie, même si le FLN se fait reconnaître officiellement à la conférence des non-alignés, en avril, à Bandoeng ? Jacques Soustelle rencontre des dirigeants des oulémas (réformistes religieux) et Ferhat Abbas, qui fait participer son mouvement, *L'Union démocratique du Manifeste algérien* (UDMA), fondé en 1946, aux élections cantonales d'avril 1955.

Jusqu'au milieu de l'année 1955, Soustelle s'efforce de comprendre le malaise de la population musulmane. Ses voyages dans les Aurès et en Kabylie lui révèlent la sous-administration des régions agitées par le nationalisme algérien, les Aurès surtout, et la vanité des déploiements militaires qui ne cernent que le vide. En mars 1955, il réclame au gouvernement le droit d'adapter la législation aux conditions de cette guerre qui ne veut pas encore dire son nom. Le 31 mars 1955, l'Assemblée nationale vote l'état d'urgence, qui renforce les pouvoirs de l'armée dans la zone limitée des Aurès et autorise le regroupement des populations « contaminées » dans des « camps d'hébergement ». Un premier camp s'ouvre à Khenchela, cent soixante personnes y sont parquées. Le 19 mai, le gouvernement rappelle plusieurs classes. L'armée lance de grandes opérations de ratissage dans le second semestre de 1955. Mais, ces mesures n'affaiblissent pas la « rébellion ». L'autorité du FLN est prouvée par les élections cantonales d'avril : la consigne d'abstention qu'il a lancée est suivie à 60 % dans le Constantinois.

Jacques Soustelle promet « l'intégration » et des réformes. Trop tard : tout bascule le 20 août 1955, date anniversaire de la déposition du sultan du Maroc. Une « drôle de guerre » se termine, et la guerre d'Algérie commence véritablement.

Qu'il veuille ou non, pour avoir trop tardé, le gouvernement sera débordé par les événements. L'administration algérienne est riche d'une trop vieille technique pour ne pas utiliser, à fond, les avantages qui ressortent de la situation.

Pour les autorités nord-africaines, l'essentiel est non de rétablir l'ordre, mais d'inspirer une terreur qui garantisse des mois ou des années de répit. Monsieur Mitterrand, je le sais, est trop intelligent pour croire que les instructions qu'il donne, dont nous sommes sûrs qu'elles sont conformes à la justice, seront respectées. Les responsables d'Alger seront trop heureux de le « mettre dans le bain » et de lui faire encaisser la responsabilité de la répression. Ils feront ainsi d'une pierre deux coups : ils materont l'opposition indigène et discréditeront le « sale juif » qui a l'impudence de tenir la présidence du Conseil.

Il serait temps d'envisager quelques mesures simples et efficaces. M. Mitterrand a tort d'affirmer qu'il ne doit pas y avoir de nationalisme algérien. Le nationalisme est la forme comprimée du patriotisme. Du moment qu'il existe des frontières, il est impossible que les aspirations à la liberté et à l'égalité ne puissent pas se traduire sous une forme nationale. (...)

Que le gouvernement Mendès France limite la répression aux strictes nécessités du rétablissement de l'ordre et qu'il se montre impitoyable contre qui violera ses ordres. Qu'il n'oublie pas que ses ennemis ont déclaré qu'ils le feraient trébucher dans le sang en Afrique du Nord.

Charles-André JULIEN,
Témoignage chrétien, 12 nov. 1954.

II / La guerre ouverte
(Août 1955-décembre 1956)

Le soulèvement du 20 août 1955

Le 20 août 1955, des milliers de paysans algériens se soulèvent et se ruent à l'assaut de villes du Nord-Constantinois, dans le quadrilatère Collo-Philippeville-Constantine-Guelma. L'initiative de cette action de grande ampleur revient à Zighoud Youcef, successeur de Didouche Mourad à la tête de la zone du Nord-Constantinois du FLN, et à son adjoint, Lakhdar Ben Tobbal. Ce jour-là, les responsables du FLN entendaient marquer le deuxième anniversaire de la déposition, par les Français, du sultan du Maroc, Sidi Mohammed Ben Youcef. La guerre prend son vrai visage dans ce Constantinois où la coexistence des communautés a toujours été plus tendue que dans le reste de l'Algérie. Dix ans après les « événements » de Sétif et Guelma, en mai 1945, on retrouve la même explosion de violence, relayée par une répression aveugle et démesurée. Plusieurs milliers de fellahs (paysans, ouvriers agricoles), vers midi, pénètrent dans une trentaine de villes et de villages. Ils sont faiblement encadrés par quelques soldats de l'ALN (l'Armée de libération nationale, branche armée du FLN) en uniforme, qui s'attaquent à des postes de police, de gendarmerie, divers bâtiments publics. Ces paysans sont survoltés : une rumeur court d'un débarquement égyptien à Collo... De nombreux Français, mais aussi des musulmans sont assassinés à coups de hache, de serpe, de pioche ou de couteau. Des personnalités politiques sont atteintes, comme Saïd Chérif, délégué UDMA à l'Assemblée algérienne, et Abbas Alaoua, neveu de Ferhat Abbas, assassiné dans sa pharmacie de Constantine. Le bilan des émeutes se solde par 123 morts, dont 71 dans la population européenne.

La répression est terrible. L'armée entre en action et, comme en mai 1945, des milices privées se constituent. Le bilan officiel s'établit à 1 273 morts. Le FLN, après enquête, avancera le chiffre, jamais démenti, de 12 000 victimes. Le 20 août 1955, c'est la fin du mythe des « opérations de maintien de l'ordre » en Algérie. La France entre en guerre, rappelle 60 000 réservistes. Jacques Soustelle, gouverneur général d'Algérie, bouleversé par le spectacle des cadavres européens mutilés de Philippeville, va désormais laisser carte blanche à l'armée. Le temps des réformes est révolu. Le 30 septembre 1955, la « question algérienne » est inscrite à l'ordre du jour de l'ONU. Les indépendantistes algériens, par le soulèvement du 20 août, ont réussi à attirer l'attention mondiale sur l'Algérie. Le conflit entre dans sa phase d'internationalisation.

Face au développement de l'insurrection nationaliste en Algérie, le gouvernement français s'empresse de trouver un règlement pour les deux protectorats français de Tunisie et du Maroc. Il traite avec les leaders nationalistes Habib Bourguiba et Mohamed V, que ses prédécesseurs avaient exilés et emprisonnés, et accorde la souveraineté interne à la Tunisie (l'indépendance sera effective en mars 1956), et l'indépendance au Maroc en novembre 1955.

Le mouvement des soldats

Après le 20 août 1955, la répression en Algérie prend ouvertement l'allure et les dimensions d'une véritable guerre. Aux bataillons de CRS, de gendarmes, de légionnaires et de parachutistes qui étaient déjà en Algérie, vont s'ajouter d'autres hommes du contingent. Le 24 août 1955, 60 000 jeunes soldats, récemment libérés, sont « rappelés ». Et, le 30 août, le gouvernement décrète le maintien sous les drapeaux de 180 000 « libérables ».

Les rappelés, parfois avec l'appui de leurs familles et de la population, tentent très vite de s'opposer à ces mesures. Le 1er septembre, à Paris, gare de l'Est, 2 000 jeunes refusent de monter dans les trains aux cris de « la quille », « Pas de guerre en Algérie ». « Le Maroc aux Marocains. » Le 2 septembre, 600 « rappelés » de l'armée de l'air manifestent à la gare de Lyon. Les mêmes faits se répètent à Brives, Perpignan, Bordeaux... Le contingent manifeste aux cris de « Les civils avec nous ! ». Mais, précisément, ce mouvement de soldats, qui ne trouve pas de points d'appui dans la masse des « civils », s'essouffle vite à la fois par lassitude individuelle et aussi par manque de perspectives politiques. Les formations, les grands partis se montrent plus préoccupés par la tumultueuse vie politique intérieure française. Le 29 novembre, l'Assemblée refuse la confiance au gouvernement d'Edgar Faure par 318 voix contre 218, permettant ainsi de déclencher le mécanisme de la dissolution. Des élections législatives sont fixées au 2 janvier 1956.

Élection et « journée des tomates »

Malgré la dissolution de la Chambre, Jacques Soustelle maintient l'état d'urgence. Le gouvernement décide le report des élections en Algérie. Les élus de l'Union démocratique du Manifeste algérien (UDMA) de Ferhat Abbas décident de démissionner de l'Assemblée algérienne[1], suivant en cela les soixante et un élus musulmans hostiles le 26 septembre 1955 à la politique d'intégration prônée par Soustelle. Le 20 décembre 1955, *L'Express* reproduit des photographies prises en août, et représentant l'exécution d'un « rebelle » algérien par un gendarme auxiliaire. La campagne électorale se déroule sur fond de drame algérien, la gauche réclame « la paix en Algérie ». Les socialistes et les radicaux forment un Front républicain qui l'emporte le 2 janvier 1956. Le fait majeur de ces élections législatives est la percée du mouvement de Pierre Poujade qui obtient 52 sièges sur 623 dont un occupé par Jean-Marie Le Pen. Le mouvement de Pierre Poujade (Union de défense des commerçants et artisans, UDCA) fait campagne contre les « pourris » du régime et la fiscalité. Les communistes gagnent cinquante sièges.

Le 1er février, l'Assemblée nationale investit le nouveau

---

1. Le statut de l'Algérie, voté par l'Assemblée nationale le 20 septembre 1947, crée une Assemblée algérienne de 120 membres (60 par collège électoral, un pour les Européens, un pour les Algériens musulmans). Cette Assemblée vote le budget de l'Algérie, peut aussi modifier la législation métropolitaine, sous réserve d'homologation par le gouvernement. Les conseillers municipaux et généraux du deuxième collège (musulman) n'avaient droit qu'aux deux cinquièmes des sièges [Ageron, 1979].

gouvernement. Guy Mollet devient président du Conseil, et le général Georges Catroux, ministre résident en Algérie. Jacques Soustelle, si mal accueilli lors de son arrivée à Alger, quitte une ville en délire le 2 février 1956. Plus de 100 000 personnes, la plupart Européens, lui manifestent bruyamment son attachement, se mettent en travers de l'automitrailleuse qui tente de se frayer un chemin vers le port : « Ne partez pas ! Mendès dans l'Aurès ! Catroux à la mer ! » Le vieux général Catroux, un libéral, ne rejoindra jamais le Palais d'Été à Alger. Le 6 février, une manifestation d'« ultras », partisans de l'Algérie Française, conspue la politique du gouvernement, des projectiles divers atteignent Guy Mollet. Cet événement passera à la postérité sous le nom de « journée des tomates ». Neutre encore, le président du conseil abandonne sa politique de recherche de paix en Algérie. La République capitule devant quelques jets de projectiles sur ce plateau des Glières d'Alger, devenu le chaudron des fureurs algériennes. Pierre Mendès France démissionne de son poste de ministre d'État. Le gouvernement socialiste va plonger dans la guerre.

Les « pouvoirs spéciaux »

La revendication des ultras pieds-noirs et de l'armée, c'est l'augmentation des effectifs militaires déjà forts de cent quatre-vingt-dix mille hommes en février 1956, et l'appoint d'hélicoptères afin de renforcer le quadrillage du « bled ». Nommé, le 9 février 1956, ministre résident en Algérie par Guy Mollet, Robert Lacoste, ancien résistant et membre de la SFIO, dépose sur le bureau de l'Assemblée nationale un projet de loi « autorisant le gouvernement à mettre en œuvre en Algérie un programme d'expansion économique, de progrès social et de réforme administrative, et l'habilitant à prendre toutes mesures exceptionnelles en vue du rétablissement de l'ordre, de la protection des personnes et des biens, et de la sauvegarde du territoire ».

Par les décrets de mars et d'avril 1956, qui permettront une action militaire renforcée et le rappel des disponibles, l'Algérie sera divisée en trois zones (zone de pacification, zone d'opération et zone interdite) où évolueront trois corps d'armée spécifiques. Dans les zones d'opération, l'objectif est « l'écrasement des rebelles ». Dans les zones de pacification, est prévue la « protection » des populations européennes et musulmanes, l'armée s'efforçant de lutter contre l'insuffisance de l'administration. Les zones interdites seront évacuées, la population rassemblée dans des « camps d'hébergement » et prise en charge par l'armée.

Le 12 mars, le Parlement vote massivement, par 455 voix contre 76, cette loi sur les pouvoirs spéciaux qui, entre autres, suspend la plupart des garanties de la liberté individuelle en Algérie. Le PCF a voté cette loi. Les « pouvoirs spéciaux » constituent bien le tournant d'une guerre que la France décide d'engager totalement.

Le 11 avril est décrété le rappel des disponibles. Des dizaines de milliers de soldats traversent la Méditerranée. Avant cette mise en pratique, les animateurs de la revue *Les Temps modernes* ont su et dit où cela mènerait. « La gauche, pour une fois unanime, a voté les "pouvoirs spéciaux", ces pouvoirs parfaitement inutiles pour la négociation mais indispensables pour la poursuite et l'aggravation de la guerre. Ce vote est scandaleux et risque d'être irréparable. » Il le sera effectivement.

1956, la guerre totale

Le 16 mars 1956, quatre jours après le vote des pouvoirs spéciaux, les premiers attentats du FLN frappent Alger. Robert Lacoste impose le couvre-feu à la ville, que des patrouilles sillonnent en permanence. En France, quelques dernières manifestations spontanées se forment autour des gares et des casernes contre « le départ des rappelés ». L'opinion publique rechigne à la prolongation du service militaire (vingt-huit mois). En Algérie, le bled continue de « pourrir », le terrorisme s'implante un peu partout, le FLN déclenche des grèves à Oran en février, à Alger en mai. La dissémination des troupes françaises et leur médiocre entraînement les rendent vulnérables aux embuscades : à Palestro, le 18 mai, vingt soldats, des jeunes Parisiens rappelés, tombent sous les coups des hommes du commando « Ali Khodja » de l'ALN aidés par la population. L'unique survivant est délivré par les paras cinq jours plus tard.

En juillet et septembre 1956, des négociations discrètes s'ouvrent entre des délégués du FLN (M'hamed Yazid et Abderrahmane Kiouane) et de la SFIO (Pierre Commun), à

Belgrade et à Rome. La SFIO presse Guy Mollet d'obtenir une pause des combats par l'entremise du sultan du Maroc et de Bourguiba (la Tunisie a accédé à l'indépendance le 20 mars 1956). Hocine Aït Ahmed, Mohamed Boudiaf, Ahmed Ben Bella et Mohamed Khider discutent de ces perspectives à Rabat le 21 octobre et s'envolent le lendemain vers Tunis. Mais le DC3 marocain qui les emmène est intercepté par l'aviation française et est contraint de se poser à Alger. Robert Lacoste et les militaires, qui n'ont pas manqué cette occasion de « décapiter la rébellion », placent Guy Mollet devant l'impossibilité de poursuivre l'ébauche d'une négociation. La population européenne d'Alger, qui endure le cauchemar des explosions dans les bars fréquentés par sa jeunesse, démontre bruyamment sa confiance à Robert Lacoste, félicité pour son énergie. Mais l'attention, en Algérie et en métropole, est bientôt détournée du sort de Ben Bella et de ses compagnons (ils resteront incarcérés jusqu'à la fin de la guerre) par l'expédition de Suez les 5 et 6 novembre 1956.

Guy Mollet, hanté par le souvenir de la capitulation de Munich en 1938, assimilant Nasser à un « nouvel Hitler », se lance dans la folle expédition militaire de Port-Saïd. L'opération franco-britannique vise à dégager le canal de Suez de l'emprise de l'Égypte, qui a nationalisé la Compagnie en juillet. Dans l'esprit de l'état-major français, l'opération servira à abattre Nasser, considéré comme le soutien le plus actif de l'insurrection algérienne. Mais le succès tactique, acquis avec le concours des Israéliens qui ont attaqué à l'est, se transforme en déroute politique : Américains et Russes obtiennent le rembarquement des troupes le 15 novembre, et l'ONU inscrit la question algérienne à l'ordre du jour.

Le FLN a profité des événements pour se manifester, dans les campagnes et dans les villes. A la fin de l'année 1956, la guerre d'Algérie a pris vilaine tournure. Les effectifs de l'armée sont passés, en deux ans, de 54 000 à 350 000 hommes. Il a fallu rappeler plusieurs classes, puis porter à près de trente mois la durée du service militaire. La répression a poussé vers le maquis des milliers de jeunes Algériens (en particulier les étudiants qui ont organisé une grève en mars 1956). Les troupes de secteur quadrillent le territoire sans beaucoup de mordant. Les paras et la Légion, sollicités en permanence, ont de lourdes pertes. L'ALN compte, fin 1956, des dizaines de milliers de *djounouds* (combattants). Le pourrissement est général. Certaines régions constituent de véritables sanctuaires pour le FLN. La plupart des élus musulmans, dont Ferhat Abbas, ont rejoint le camp du nationalisme algérien.

Depuis l'automne, Robert Lacoste réclame un nouveau commandant en chef. Le 15 novembre 1956, Guy Mollet installe le général Raoul Salan à la place du général Henri Lorillot, qui n'a pas su trouver la parade à la guérilla, malgré les renforts débarqués chaque mois en Algérie. L'arrivée de Raoul Salan, ancien d'Indochine et « stratège » de la guerre subversive, ouvre un nouveau chapitre de la guerre d'Algérie. D'autant que le FLN a décidé de changer de terrain : en janvier 1957, il porte la guerre au cœur d'Alger, en multipliant les attentats et en lançant un mot d'ordre de grève générale.

La mort d'une petite fille.
1956

Au cours de la même opération, nous tuâmes une petite fille arabe de sept ou huit ans. Un de ceux qui l'avaient vue mourir me raconta ce qui s'était passé. Comme une compagnie du huitième approchait d'un village, ceux qui étaient en tête virent un buisson s'agiter. Sans chercher à savoir ce qu'il y avait derrière, le capitaine ordonna de tirer. Au même instant, une petite fille en robe blanche sortit, apeurée, du buisson et se mit à courir vers le village. Les hommes qui étaient les plus près d'elle ne tirèrent pas ; les autres, peut-être parce qu'ils ne voyaient pas très bien (je voudrais tellement leur trouver une excuse !), tirèrent, eux ; mais la petite fille en blanc courait toujours. Le capitaine s'adressa alors au tireur d'élite qui était près de lui et lui dit : « Tu as 500 francs et ma boîte de ration si tu le descends. » Le tireur visa posément, comme au stand, et tira. La petite tache blanche s'arrêta net et roula dans l'herbe. L'enfant mourut quelques minutes plus tard dans les bras de celui qui l'avait touchée.

Noël FAVRELIÈRE
Le Désert à l'aube,
Éditions de Minuit, 1960, p. 45-46.

III / La guerre cruelle (1957)

La « bataille d'Alger »

Le 27 décembre 1956, Amédée Froger, président de l'inter-fédération des maires d'Algérie et porte-parole virulent des petits colons, est assassiné à Alger. Ses obsèques, le lende-main, provoquent de véritables « ratonnades » qui font plu-sieurs victimes musulmanes. La tension est extrême entre les Européens et les Algériens musulmans. Le gouvernement général, avec Robert Lacoste, décide de réagir. Se fondant sur les « pouvoirs spéciaux », votés en mars 1956, il confie la « pacification » d'Alger au général Jacques Massu, com-mandant la 10e division de parachutistes.

Le 7 janvier 1957, 8 000 paras pénètrent dans la ville, investis d'une mission policière. La « bataille d'Alger » com-mence. Les 9 et 10, deux explosions créent la panique dans deux stades d'Alger. Mais l'horreur atteint son point culmi-nant le 26. A quelques minutes d'intervalle, deux charges explosent au bar « L'Otomatic », puis au café du « Coq hardi », en plein centre d'Alger. Deux Algériens musulmans sont lynchés par une foule européenne exaspérée. Le 28 jan-vier, en liaison avec les débats de l'ONU, le FLN lance un ordre de grève générale de huit jours. L'armée brise la grève. A tout instant et en tout lieu, les hélicoptères se posent sur les terrasses de la Casbah. Dans la ville divisée en secteurs, les quartiers musulmans sont isolés derrière des barbelés, sous la lumière des projecteurs. Le général Massu, doté des pouvoirs de police sur la ville, a la charge de rétablir l'ordre, de démanteler la « zone autonome d'Alger » (ZAA) du FLN, dirigée par Yacef Saadi, située principalement dans la

Casbah. Le FLN y dispose d'une véritable organisation évaluée à 5 000 militants. Le terrorisme sert à justifier le recours à tous les moyens. Les hommes de Massu arrêtent massivement, fichent systématiquement, et dans les « centres de transit et de triage », situés à la périphérie de la ville, pratiquent la torture. Le leader du FLN Larbi Ben M'Hidi est arrêté le 17 février, et sera ensuite « suicidé ». Les interrogatoires « très poussés » donnent des résultats.

C'est bien « le sang et la merde », comme le dit le colonel Marcel Bigeard, une affreuse bataille au cours de laquelle les bombes hachent des dizaines de victimes européennes, tandis que les paras remontent les réseaux, découvrent les caches, débusquent les chefs du FLN installés dans la ville. Leurs moyens ? L'électricité (la « gégène »), la baignoire, les coups. Il y a des sadiques parmi les tortionnaires, bien sûr. Mais beaucoup d'officiers, de sous-officiers et de soldats vivront toute leur vie avec ce cauchemar. De 112 en janvier, le nombre d'attentats perpétrés tombe à 39 en février, puis 29 en mars. Le centre de commandement du FLN, dirigé par Abbane Ramdane, est contraint de quitter la capitale. Massu remporte une première victoire.

Le 28 mars 1957, le général Paris de Bollardière demande à être relevé de ses fonctions. Il n'admet pas l'utilisation de la torture, qu'il a connue et combattue au temps de l'occupation allemande. L'aumônier de la 10e DP lui répond en déclarant que « l'on ne peut lutter contre la guerre révolutionnaire qu'avec des méthodes d'action clandestine ». Le général Paris de Bollardière sera frappé de soixante jours de forteresse, le 15 avril 1957.

Début juin, les attentats reprennent. Le 3, une bombe explose près d'un arrêt de bus ; le 9, c'est le dancing d'un casino qui est visé, faisant 8 morts et 92 blessés. La répression reprend, aidée cette fois par un réseau de militants « repentis » (désignés sous le nom de « bleus de chauffe ») qui, sous la direction du capitaine Léger, infiltre le FLN et fait tomber de nombreux responsables. Yacef Saadi est arrêté le 24 septembre 1957. Ali La Pointe, son adjoint, cerné, se suicide dans une cache pour éviter l'arrestation. La « bataille d'Alger » est finie. La population européenne redécouvre les plaisirs de la plage et des restaurants, idolâtre ses paras. Une idylle qui se prolongera le 13 mai 1958...

Les réseaux du FLN ont été détruits, des milliers d'Algériens arrêtés ou portés « disparus ». Mais, cette victoire militaire s'accompagne d'une grave crise morale. Le 12 septembre 1957, Paul Teitgen, secrétaire général de la police d'Alger, démissionne en protestation contre les pratiques du général Massu et des parachutistes. Il avance le chiffre de 3 024 personnes disparues. La « question » de la torture va diviser la France.

La question de la torture

Employée comme un procédé ordinaire de « pacification » pendant la « bataille d'Alger », la torture est bien la grande affaire de ces années algériennes [Pierre Vidal-Naquet, 1975].

Dès le 15 janvier 1955, l'écrivain François Mauriac publie dans *L'Express* un article qui s'intitule déjà « La question ». Dans le même temps, le journaliste Claude Bourdet dénonce lui aussi ce qu'il appelle « Votre Gestapo d'Algérie » dans *France-Observateur*. Le 2 mars 1955, un inspecteur général de l'administration, Roger Willaume, remet au gouverneur général de l'Algérie, Jacques Soustelle, un rapport d'où il ressort clairement que la torture était pratiquée couramment sur les « suspects ». Le 13 décembre 1955, le président du Conseil, Edgar Faure, reçoit un rapport dû à Jean Mairey, directeur de la Sûreté nationale, qui parvenait aux mêmes constatations. Cette torture est employée par les DOP (détachement opérationnel de protection), unités spéciales de l'armée chargées des interrogatoires « poussés ».

A partir de la mi-février 1957, l'hebdomadaire *Témoignage chrétien*, publie « Le dossier Jean Müller », rappelé en Algérie : « Nous sommes loin de la pacification pour laquelle nous aurions été rappelés ; nous sommes désespérés de voir jusqu'à quel point peut s'abaisser la nature humaine et de voir des Français employer des procédés qui relèvent de la barbarie nazie. » En mars 1957, certains rappelés font paraître une brochure, *Des rappelés témoignent*, sous l'égide d'un Comité de résistance spirituelle. On y découvre des témoignages qui disent : « Je pensais au gamin que j'imaginais terrorisé au fond de la remorque de jeep où il avait été enfermé la nuit. Or, c'était le gosse que l'on torturait. » En avril, la revue *Esprit* fait paraître le récit accablant de Robert Bonnaud, « La paix des Nementchas » : « Si l'honneur de la France peut aller avec ses tortures, alors la France est un pays sans honneur. »

En septembre 1957, Paul Teitgen démissionne donc de son poste de secrétaire général de la police à Alger. Il écrit : « En visitant les centres d'hébergement, j'ai reconnu sur certains assignés les traces profondes des sévices ou des tortures qu'il y a quatorze ans je subissais personnellement dans les caves de la Gestapo à Nancy. » En novembre 1957, à l'initiative du mathématicien Laurent Schwartz et de l'historien Pierre Vidal-Naquet, se forme le Comité Maurice-Audin, jeune mathématicien qui, après avoir été enlevé par les parachutistes et torturé, a disparu. En janvier 1958, paraît *La Question*, d'Henri Alleg, qui bouleverse les consciences et révèle au grand jour la torture. Commence alors « l'affaire » qui va déchirer l'opinion, l'Église, les familles, les partis : pourquoi l'armée française pratique-t-elle la torture à grande échelle ? Beaucoup pensent que la torture peut devenir institution, d'abord policière, puis militaire.

La publication de textes dans les journaux ou revues *(L'Humanité, Les Temps modernes, Esprit, Vérité pour)* d'ouvrages comme celui de l'écrivain catholique Pierre-Henri Simon, *Contre la torture*, amorce l'engagement d'intellectuels, bientôt regroupés dans des réseaux qui luttent contre la désinformation et les violations des droits de l'homme. Des militants communistes, des écrivains, des intellectuels catholiques, François Mauriac, André Mandouze, Pierre-Henri Simon, André Frossard, des prêtres se montrent particulièrement actifs dans la circulation des « secrets » de la guerre. Certains appartiennent à la Mission de France, installée à Pontigny dans l'Yonne, en août 1954, placée sous le contrôle du cardinal Liénart.

Malgré la censure et la chape de plomb qui règne sur l'Algérie, l'opinion française découvre peu à peu la véritable nature d'un conflit qui n'a décidément plus rien à voir avec un simple « maintien de l'ordre ».

Censure, prisons, camps

La guerre d'Algérie suscite des restrictions importantes de la liberté de la presse, d'édition, de représentations visuelles. La censure y est instituée de façon massive. La loi du 3 avril 1955, déclarant « l'état d'urgence », habilite les autorités administratives, ministre de l'Intérieur, gouvernement général et préfets, à « prendre toutes les mesures pour assurer le contrôle de la presse et des publications de toutes natures ainsi que celui des émissions radiophoniques, des projections cinématographiques et des représentations théâtrales » (article 11 de la loi du 3 avril 1955, déclaré applicable par cette loi). Le décret du 17 mars 1956, dans le cadre des « pouvoirs spéciaux », reprend une formule analogue, étendue « à l'ensemble des moyens d'expression ». Les écrits imprimés peuvent faire l'objet de saisies administratives et judiciaires, mesures de police ou peines complémentaires, pour atteinte à la sûreté de l'État.

Les multiples saisies de journaux et d'ouvrages pratiquées par les préfets s'opèrent en vertu de l'article 10 du code d'instruction criminelle, devenu ensuite l'article 30 du code de procédure pénale. Cet article permet au préfet de saisir, à titre provisoire, les ouvrages ou périodiques qui contiennent une infraction de presse, visée par la loi du 29 juillet 1881, si elle constitue aussi « une atteinte à la sûreté de l'État ». Dans son chapitre consacré aux crimes et délits commis par voie de presse, la loi du 29 juillet 1881 limite la liberté d'opinion par la répression de la provocation aux crimes et délits contre la chose publique. L'article 25 de cette loi, utilisé de nombreuses fois pendant la guerre d'Algérie, « réprime la provocation des militaires à la désobéissance, même demeurée sans effet ». Une décision du 27 avril 1961 définira les motifs pouvant justifier une interdiction : l'appui à une entreprise de subversion dirigée contre les autorités ou les lois de la République, ou la diffusion d'informations secrètes, d'ordre militaire ou administratif.

Sous la IVe République, certains journaux sont particulièrement visés, comme *L'Express, France-Observateur, l'Humanité, Le Canard enchaîné, la Vérité des travailleurs, Le Libertaire*. Certains livres des éditeurs Jérôme Lindon et François Maspero seront saisis sous la Ve République (près de trente ouvrages), entre 1958 et 1962.

A partir de 1955, la police et l'armée prônent l'assignation à résidence des militants nationalistes algériens. Des camps d'assignation sont mis en place, en Algérie, en vertu de la loi du 16 mars 1956. Des dizaines de milliers d'Algériens se trouvent ainsi mis dans des camps, sans jugement, à Bossuet, Saint-Leu, Lambèze...

La loi du 26 juillet 1957 permet d'étendre à la France les dispositions fixées par la loi dite des « pouvoirs spéciaux ». Elle prévoit la possibilité d'astreindre à résidence, dans les lieux qui lui seront fixés sur le territoire métropolitain, toute personne qui sera condamnée en application des « lois sur les groupes de combat et milices privées ». L'assignation à résidence ainsi instituée ne prévoit qu'une modalité d'application : l'internement dans un centre de séjour surveillé. On installe donc progressivement en métropole, entre 1956 et 1959, quatre centres d'assignation à résidence surveillée : Mourmelon-Vadenay (Marne), Saint-Maurice-l'Ardoise (Gard), Thol (Ain) et le Larzac (Aveyron). On achemine dans ces centres, dès l'expiration des peines dont ils ont été frappés, les militants considérés par les services de police comme les « plus actifs de la rébellion dont le retour à la liberté, c'est-à-dire aux menées séparatistes, présente un danger sérieux ». L'utilisation optimale de ces dispositions légales permettra d'obtenir, en deux ans, la signature de 6 707 arrêtés d'assignation à résidence, dont 1 860 seront mis à exécution.

Sous la IVe République, c'est aussi le temps des procès massifs, et des condamnations à mort. Ahmed Zabana, jugé par le tribunal des forces armées d'Alger, est le premier condamné à mort, exécuté à la prison Barberousse le 19 juin 1956.

Les batailles de l'armée française

L'attentat commis au bazooka le 16 janvier 1957 contre le bureau de Salan paraît étranger à la « bataille d'Alger » : le but du complot aurait été d'éliminer un général suspect de libéralisme. En fait, Salan réussit à redresser la situation militaire. Dans le bled, les méthodes de combat des légionnaires du colonel Jeanpierre, des paras de Bigeard, et d'autres, se révèlent payantes. Les « rebelles » apportant l'armement de Tunisie et du Maroc sont interceptés et pourchassés à l'intérieur des secteurs quadrillés par les régiments classiques. Les hélicoptères et le renseignement deviennent les atouts des troupes libérées du travail policier d'Alger, au début de l'été 1957.

Malgré l'augmentation sensible de ses pertes, l'ALN se renforce grâce aux armes et aux renforts qu'elle reçoit malgré tout du Maroc et surtout de Tunisie, où elle envoyait ses recrues s'entraîner et s'armer. Pour isoler l'intérieur de l'extérieur, le ministre de la Défense André Morice (membre du gouvernement Bourgès-Maunoury de juin à septembre 1957) décide de construire, en arrière des frontières, des réseaux de barbelés électrifiés et minés (appelés « barrages », ou « ligne Morice »), prolongés dans les zones désertiques par des batteries de canons à tir automatique déclenchés par radar. Ces obstacles n'étaient pas infranchissables dans un premier temps, mais la coupure du réseau électrique signalait tout passage aux troupes d'intervention.

A la fin du mois de mai 1957, un accrochage très dur oppose dans la wilaya IV les paras de Bigeard à cinq cents « fellaghas » (du nom donné au mouvement insurrectionnel paysan en Tunisie) conduits par Azzedine, qui s'échappe ; quatre-vingt-seize « rebelles » sont tués. Parallèlement, Salan entreprend une pacification « sociale » et dépêche des officiers SAS (Sections administratives spéciales) dans le bled : ces hommes réalisent une œuvre payante d'alphabétisation et d'assistance médicale, qui sert aussi la contre-propagande et le renseignement. Dans les campagnes, le regroupement des populations évacuées des « zones interdites » et l'action des SAS gênent le recrutement, le ravitaillement et les liaisons du FLN-ALN. Le recrutement de « harkis » et d'autres supplétifs parmi les paysans réfractaires à l'autorité des chefs insurgés et parmi les anciens « rebelles » ralliés, facilite l'action des forces d'intervention (en 1962, un rapport transmis à l'ONU évaluera à 263 000 hommes le nombre de musulmans ayant combattu dans les unités supplétives ou groupes d'autodéfense).

Au début de 1958, le commandement français estime que la guerre est virtuellement gagnée. Le ministre-résident, Robert Lacoste, répète que la victoire ira à celui qui tiendra « le dernier quart d'heure ». C'était « oublier » la crise politique et morale, profonde, qui traverse la IVe République durant cette année 1957. Et aussi, la direction du FLN, installée à l'extérieur, qui espère encore gagner en combinant une offensive de ses troupes de Tunisie et du Maroc, avec une pression diplomatique à l'ONU, de façon à internationaliser le conflit par un « Diên Biên Phu » algérien.

Crises dans la République

En 1957, le conflit se durcit dans toute l'Algérie, hors des grandes villes. Les soldats du contingent sont maintenant engagés dans la guerre, tandis qu'en métropole des voix de plus en plus nombreuses s'élèvent contre la torture. L'ONU demande à la France d'appliquer au problème algérien une solution « pacifique, démocratique et juste ». Le sénateur Américain John F. Kennedy se prononce, le 2 juillet 1957, publiquement en ce sens. A Paris, le gouvernement Guy Mollet, dont les finances accusent le poids des lourdes dépenses occasionnées par le « maintien de l'ordre » en Algérie, est renversé le 28 mai 1957. Le cabinet de Maurice Bourgès-Maunoury lui succède. Il décide la mise en valeur du Sahara, où le pétrole a jailli, et demande à Robert Lacoste, maintenu à son poste, de préparer une loi-cadre qui fera naître une « Algérie nouvelle ». Le retentissement international de l'affaire algérienne obsède les partis du Front républicain et, à partir de septembre 1957, le décalage s'aggrave entre les politiques et les militaires, entre la métropole et les pieds-noirs, et à l'intérieur même de la gauche. Une grande partie des « démocrates », des « hommes de gauche », que l'on retrouve dans la FEN, dans FO, dans la Ligue des droits de l'homme, évoque « les populations indigènes », les « territoires », et non les peuples et les nations. L'oppression individuelle est reconnue, non l'oppression nationale. Éprise d'universalisme, des principes de « 89 », cette gauche républicaine (qui s'est constituée au moment de l'affaire Dreyfus) s'oppose aux nationalismes (français ou algérien), aux milieux religieux. Logiquement, elle rejette les proclamations des nationalistes algériens, « empreintes de religiosité islamique ». Ce faisant, elle se refuse à comprendre pourquoi le principe républicain d'égalité n'a jamais été réellement appliqué en Algérie, et dans les colonies.

L'affaire algérienne autorise en effet, à la fois, une lecture républicaine du FLN, « symbole de justice », et celle du FLN vecteur d'« un nationalisme archaïque, à dépasser ». Le PCF, lui aussi, se montre incapable de trancher entre ces deux lectures. Cet échec provoque l'engagement d'une fraction significative de la jeunesse dans un tiers-mondisme radical, contre un « national-mollettisme » et un PCF obstinément fidèle à Moscou. Le réseau le plus important d'aide au FLN est celui animé par Francis Jeanson, un philosophe, gérant de la revue *Les Temps modernes* et qui avait publié, avec sa femme Colette, *L'Algérie hors-la-loi* en 1955. Espérant pendant longtemps un sursaut de la gauche française que le « peuple » avait portée au pouvoir en 1956 sous l'étiquette du Front républicain, lassé des meetings, des affiches et des pieuses motions d'une gauche qui « ne cessait de freiner un mouvement qu'elle se targuait de promouvoir », constatant que « tous ceux qui parlaient de mettre fin à une guerre qu'ils déclaraient eux-mêmes absurde n'admettaient pas qu'on pût aider les jeunes Français à refuser de s'y perdre », prenant acte « qu'ils dénonçaient le colonialisme, mais tenaient pour criminelle toute forme de solidarité pratique avec les colonisés », Jeanson en tire ses conséquences : l'aide directe au FLN[1].

Pendant ce temps, le socialiste Robert Lacoste tente de sortir de l'impasse politique. Il confectionne une loi-cadre, qui inclut un « collège unique », permettant d'en finir avec l'inégalité de vote entre les deux collèges (une voix d'Européen valait sept voix d'Algériens, selon le statut élaboré en 1947). Le 13 septembre, ce projet de loi-cadre est adopté en Conseil des ministres. Mais, il est, à son tour, conspué par la masse des Européens. Il ne parvient même pas à convaincre l'Assemblée nationale : le 30 septembre 1957, M. Bourgès-Maunoury est renversé. Ce n'est que le 6 novembre suivant que l'Assemblée accorde sa confiance au nouveau gouvernement du radical Félix Gaillard. La loi-cadre sur l'Algérie, sérieusement édulcorée de façon à réduire l'influence des élus musulmans, est enfin votée le 29 novembre et son application repoussée à la fin de la guerre. Des crédits sont alloués pour l'édification du barrage électrifié aux frontières du Maroc et de la Tunisie, la ligne « Morice » (du nom de l'éphémère ministre de la Défense). Robert Lacoste demeure ministre-résident en Algérie, mais son autorité est usée. Le général Salan exerce désormais de vastes prérogatives, et entend gagner la guerre avec ses fougueux colonels.

---

1. F. JEANSON, entretien pour la série télévisée *Les Années algériennes*.

IV / La guerre des Algériens (1954-1958)

Le 1er novembre 1954, date officielle du déclenchement de la guerre d'Algérie, n'est pas synonyme d'affirmation d'une direction unique, le FLN, et d'effondrement de tous les courants politiques antérieurs. La structuration du FLN, son affermissement vont s'étaler sur deux années, jusqu'au congrès de la Soummam du 20 août 1956. Deux années pour recruter, sélectionner des cadres, entraîner la population, composer l'idée d'indépendance, établir des filières et réinventer la guérilla. Mais, surtout, deux longues années pour se voir reconnaître le titre, envié, « d'interlocuteur valable » par l'intégration en son sein de tous les autres courants, à l'exception des partisans du vieux leader nationaliste Messali Hadj, qui a fondé, en décembre 1954, le Mouvement national algérien (MNA) [Stora, 1985].

Les différenciations entre nationalistes

La dissolution de MTLD par le Conseil des ministres du 4 novembre 1954 entraîne l'arrestation de plusieurs centaines de responsables et militants nationalistes algériens. Ceux qui ne sont pas arrêtés n'ont pas le choix : il leur faut entrer dans la clandestinité ou gagner le maquis. Le FLN profite pleinement de la dissolution du MTLD : mise en place de structures d'accueil dans les maquis pour intercepter la masse de militants messalistes désorientés ; prise de possession des stocks d'armes hérités de l'organisation paramilitaire du MTLD, l'OS ; début de contacts avec les Tunisiens et les Marocains. Un grand nombre d'immigrés arrivant dans les maquis seront pris en charge par le FLN. Mais il subit également, dans la première phase de l'insurrection, des coups très durs. Le 15 janvier 1955, Didouche Mourad, responsable du Constantinois, meurt au combat ; le 11 février, Mostefa Ben Boulaïd, dirigeant des Aurès, est arrêté ; le 16 mars, Rabah Bitat, qui avait organisé la guérilla urbaine à Alger, est également arrêté.

Dans ces conditions de répression très active (de novembre 1954 à avril 1955), des tentatives de conciliation ont lieu entre « activistes » (les membres du MTLD qui ont déclenché le 1er novembre 1954), « centralistes » (la majorité des anciens membres du Comité central du MTLD) et « messalistes » (les partisans de Messali Hadj). C'est la période pendant laquelle le FLN se cherche encore, prend la mesure de ses forces. A Alger, au Caire et dans les maquis, des prises de contacts et tentatives de conciliation ont lieu entre « messalistes » et « frontistes » (partisans du FLN). Ce qui ne manque pas d'entretenir la confusion dans l'immigration en France, et en Algérie. Assurément, le militant nationaliste de base doit se donner beaucoup de mal pour démêler l'écheveau des rapports triangulaires entre toutes les parties prenantes (messalistes, CRUA, centralistes) et comprendre les querelles, à ses yeux byzantines, dans la période qui précédait et qui suit immédiatement l'insurrection du 1er novembre 1954.

La confusion est aussi à son comble dans les maquis. Toutes les tendances, sans se concerter, acceptent comme unique structure militaire le sigle ALN (Armée de libération nationale). Une grande partie des militants messalistes décident par eux-mêmes le recours aux armes sitôt connues les opérations du 1er novembre. Dans certaines régions d'Algérie, en particulier les Aurès et la Kabylie, des groupes armés se forment, indépendamment des directions existantes. Ils seront « pris en charge » ultérieurement. Animés tout simplement d'une volonté patriotique, les uns connaissent le FLN, les autres se réclament de Messali. Au 1er novembre 1954, les tracts ont bien fait le distinguo entre le FLN, organisme politique du mouvement, et l'ALN, organisme de type militaire. Mais dans les Aurès, par exemple, tout le côté politique tient à l'autorité de Chihani Bachir, second de Ben Boulaïd. Les chefs de zone aurési n'ont pas ressenti l'utilité de ce distinguo. Il leur semble suffisant de proclamer la révolution ouverte, d'entraîner les militants. En Kabylie, plus spécialement dans la région de Bouira, les militants combattent sous le sigle d'Armée de libération nationale, ce qui tend à créer l'équivoque d'une ALN commune au FLN et au MNA. Pourtant, la décantation politique va s'opérer au cours de l'année 1955.

La guerre FLN-MNA

Au début de l'année 1955, les « activistes » de l'ex-MTLD, qui ont fondé le FLN, réussissent à entraîner avec eux les membres du courant « centraliste ». A l'inverse, les messalistes, héritiers d'une longue tradition politique, qui ne croient pas à la seule action militaire pour obtenir l'indépendance, refusent les visées activistes qu'ils jugent simplistes. Pour Messali Hadj, formé dans la gauche française, les activistes sont des victimes d'une « maladie infantile ». Les deux organisation, FLN et MNA, vont s'affronter durement.

L'assassinat, le 1er juin 1955, de Saïfi, vieux militant PPA, dont l'hôtel-restaurant de la rue Aumaire, dans le troisième arrondissement de Paris, abritait des illégaux, précipite l'affrontement. A la fin du mois de novembre 1955, Abbane Ramdane, adjoint de Krim Belkacem et responsable d'Alger du FLN, par tract interposé, traite Messali Hadj de « vieillard honteux qui tient le front d'Angoulême à la tête d'une armée de policiers qui assure sa protection contre la colère du peuple ». Après les injures et accusations diverses échangées par tracts, les armes remplaceront les arguments. En Algérie, le 10 décembre 1955, Salah Bouchafa et Mustapha Fettal, militants du FLN, exécutent le responsable du MNA d'Alger, Sadek Rihani. L'épreuve de force commence. Pour l'une et l'autre formation, l'enjeu n'est pas la nature de la future société algérienne indépendante. La rivalité violente s'exerce à un autre niveau : qui doit, qui peut être le représentant exclusif du peuple algérien ?

De 1955 à 1962, les « commandos de choc » du FLN et du MNA vont se livrer un long combat cruel où tous les moyens seront bons : pièges, paroles trahies, infiltrations et exécutions pour l'exemple qui sèment l'effroi. En Algérie, ce combat des Atrides s'illustre dans le sanglant massacre par le FLN, en mai 1957, de 374 villageois de Melouza, soupçonnés d'appartenances messalistes. Le massacre incite les combattants du MNA, en particulier ceux de Mohammed

Bellounis, à rejoindre directement l'armée française[1]. Le journal *Le Monde*, daté du 20 mars 1962, publie les chiffres du bilan de l'affrontement entre nationalistes en France (FLN contre MNA) : Plus de 12 000 agressions, 4 000 morts et plus de 9 000 blessés. En Algérie même, le bilan de cette guerre civile est très lourd : 6 000 morts et 14 000 blessés. Au total, en France et en Algérie, le nombre des victimes s'élève à près de 10 000 morts et 25 000 blessés, dans les deux camps.

Le FLN sortira victorieux de cette guerre dans la guerre. Mais, des milliers de militants formés à la vie politique moderne, dans l'immigration en particulier, trouvent ainsi la mort, et manqueront cruellement pour assurer l'encadrement de l'Algérie en guerre, puis de l'Algérie indépendante.

Les ralliements au FLN, le congrès de la Soummam

En 1955 et 1956, le FLN multiplie les contacts et les discussions avec les autres composantes algériennes. Toutefois, conscient de la « faillite » des anciens partis, il n'attend d'eux que leur dissolution et une adhésion purement individuelle de leurs membres. Après les « centralistes » (Benyoucef Ben Khedda, Saad Dhalab, M'Hamed Yazid, Hocine Lahouel), l'UDMA de Ferhat Abbas se rallie au FLN à la fin de l'année 1955.

Ce ralliement en bloc, tant espéré, des « élites anciennes », le FLN va l'obtenir de la part d'une autre association, les oulémas (mouvement réformiste religieux qui prône la renaissance de l'identité islamique de l'Algérie). Inquiète de son manque d'emprise sur les événements l'association religieuse bascule dans le camp du FLN, lors de ses assises du 7 janvier 1956, et magnifie la « résistance au colonialisme ». Reste le cas du Parti communiste algérien (PCA). En mai-juin 1956, Ben Khedda et Abbane Ramdane, pour le FLN, Bachir Hadj Ali et Sadek Hadjeres, pour le PCA, engagent de longues discussions. Le 1er juillet 1956, les communistes algériens sont intégrés à l'ALN.

Le congrès de la Soummam, qui se tient le 20 août 1956, consacre « la faillite des anciennes formations politiques...

---

1. Mohammed Bellounis sera pourtant assassiné avec ses partisans par les hommes du 3e RPIMA, le 14 juillet 1958.

des vieux partis » et fait état du ralliement au FLN de « militants de base », de la dissolution de l'UDMA et des oulémas. Avec ce congrès tenu dans la vallée de la Soummam en Kabylie, la « révolution algérienne » va changer de visage. Les longs débats (vingt jours) vont déboucher sur la définition d'un programme, la structuration de FLN-ALN et l'affirmation de la primauté du politique sur le militaire, de l'intérieur sur l'extérieur [Teguia, 1984].

Initialement prévu le 31 juillet dans la région des Bibans, le congrès ne s'ouvre que le 20 août dans une maison cantonnière proche du village d'Igbal, sur le versant occidental de la Soummam. Seize délégués y participent, très inégalement représentatifs des différentes régions de l'Algérie. Outre l'absence de la délégation extérieure, il n'y a pas de représentant des Aurès — le responsable, Mohammed Ben Boulaïd, a été tué et son frère Omar ne peut venir, compte tenu des déplacements incessants de l'armée française. L'Oranais n'est représenté que par le seul Larbi Ben M'Hidi. Six délégués viennent de la zone II (Nord-Constantinois) : Youcef Zighoud, Lakhdar Ben Tobbal, Mostefa Benaouda, Brahim Mezhoudi, Ali Kafi et Rouibah ; quatre de la zone III (Kabylie) : Belkacem Krim, Mohammedi Saïd, Amirouche, Kaci ; trois de la zone IV (Algérois) : Amar Ouamrane, Slimane Dehilès, Ahmed Bouguerra ; un de la zone VI (Sud) : Ali Mellah. Ces quinze hommes sont des représentants de combattants. Le seizième, seul secrétaire politique, c'est Abbane Ramdane.

Des délibérations de ce congrès, trois préoccupations majeures émergent :
— une évaluation des forces matérielles de la révolution jugées par les délégués comme modérément satisfaisantes : on critique la faiblesse d'approvisionnement en armes, et on fait valoir les déséquilibres d'implantation politique (bonnes pour la Kabylie, malgré l'existence de quelques fiefs messalistes, et le Constantinois, convenables pour l'Algérois, nettement en retard pour l'Oranais) ;
— la rédaction d'une plate-forme politique, en partie rédigée par Amar Ouzegane, mais portant fondamentalement la marque d'Abbane, s'articulant autour des principes de collégialité pour la direction, de primauté du politique sur le militaire, de l'intérieur sur l'extérieur ;
— une réorganisation des structures de l'ALN, désormais calquées sur le modèle d'une armée régulière : le territoire

algérien est redécoupé en six *wilayas*, elles-mêmes subdivisées en *mintaka* (zones), *nahia* (régions) et *kasma* (secteurs) ; Alger est érigée en zone autonome. Une stricte hiérarchie d'unités combattantes et de grades est instituée, qui va donner naissance à l'armée, véritable pivot du futur État algérien.

Ce « contre-État » en gestation était justifié par la force étouffante de l'État colonial. La poursuite de traditions pluralistes du nationalisme algérien d'avant 1954 apparaissait, dans cette argumentation, comme un moyen trop faible pour se dégager de la pesante tutelle française [Slimane Chikh, 1981].

Si le congrès de la Soummam, unique dans l'histoire du FLN, fait date en raison de l'œuvre « législative » qu'il accomplit, il ouvre en même temps la lutte pour le leadership de l'organisation nationaliste dans ses sommets dirigeants. Le 23 septembre 1956, Abbane Ramdane (originaire de Kabylie) adresse une lettre à Mohammed Khider l'informant des décisions du congrès. Lorsque Ben Bella prend connaissance de la lettre et reçoit les procès-verbaux du congrès, il décide de réagir et rédige une réponse en trois points. Il insiste sur le caractère « non représentatif » du congrès. « Les Aurès, la délégation extérieure, l'Oranie et les zones de l'Est n'y ont pas assisté, ainsi que la Fédération de France. » Il s'attaque « à la remise en cause du caractère islamique de nos futures institutions politiques » et manifeste par là son rejet de la laïcité de l'État, comme le refus d'y faire une place à la minorité européenne. Enfin, il dénonce la présence d'anciens responsables de partis au sein des organismes dirigeants. Il s'agit là de la reprise des thèmes, mot pour mot, de la direction du PPA-MTLD contre « les berbéristes » de 1949[2]. Abbane, pour sa part, n'accuse-t-il pas Ben Bella « de se méfier d'eux parce qu'ils sont kabyles » ? La querelle de légitimité trouve en partie son fondement dans l'explication « régionaliste ».

Le combat des maquisards

L'unité principale de l'ALN est la *katiba* — équivalent d'une compagnie légère —, qui peut atteindre 100 hommes,

---

2. B. STORA, *Histoire de l'Algérie coloniale, op. cit.*, p. 111.

ou la section, d'une trentaine d'hommes. Elle mène une existence dans le territoire qui est son domaine, et qu'elle connaît à fond pour le parcourir en tout sens.

La solidarité est celle des combattants engagés sans esprit de retour pour la durée du conflit, affrontés sans cesse aux mêmes dangers et aux mêmes privations, quel que soit leur grade ou leur emploi : l'officier n'est pas moins spartiate que le *djoundi* (soldat) ; le secrétaire, l'infirmier, le radio s'il y en a un, font le coup de feu. Ce n'est pas le rituel militaire qui fait la cohésion. Le lien qui unit les *moudjahids* (combattants) est celui du sang versé, de la cause servie, du danger qui habite leur existence. C'est aussi l'emprise d'une discipline dont la sanction est peut-être la mort — par exemple, pour un attentat aux mœurs ou pour une arme détériorée. C'est encore le fonds commun à ces hommes qui presque tous sont des ruraux, frustes, depuis toujours entraînés à une vie dure. Chacun porte sa ration de semoule ou de couscous ; l'huile, les pois chiches, les oignons entrent autant que possible dans le menu quotidien, ainsi que le sucre et le café ; mais la viande de mouton et les fruits frais n'apparaissent que rarement. L'infirmier n'a pas toujours les médicaments nécessaires aux malades et aux blessés. Si le combat est une épreuve, la marche ne l'est guère pour un montagnard, un paysan. Devenu soldat, il est chaussé par l'ALN de ces brodequins légers de grosse toile à semelle de caoutchouc, connus sous le nom de Pataugas. Son équipement est réduit au minimum. Pas de rechange. Rien ne compte plus que l'arme et les munitions, si ce n'est quelques vivres et une éventuelle couverture. Les déplacements de l'unité sont plus ou moins constants. Il s'agit d'abord pour elle d'être présente en tout lieu, à intervalles assez proches pour garder la population sous l'impression de sa force.

L'action proprement offensive exige toujours de la *katiba* (ou de la section) qu'elle se déplace clandestinement et rapidement d'un point à un autre, aussi éloigné que possible, car, en matière de guérilla, rien ne vaut que la surprise. C'est dire que les marches, sauf en forêt, se font pour une bonne part de nuit, qu'elles empruntent les crêtes, les fonds d'Oued, au mieux les sentiers de chèvres, et que le gîte alors s'organise à la belle étoile. A l'improviste, un poste de SAS sera harcelé au mortier ; un autocar rural sera attaqué et brûlé. Ou bien une embuscade, soigneusement montée au détour d'une piste, attendra patiemment le convoi militaire donné comme probable par les informateurs du voisinage : une mine de fabrication artisanale, camouflée sous la poussière, fera sauter un véhicule, bloquant la queue du convoi, déclenchant la mitraillade, puis l'assaut. En tout temps, le souci du responsable de l'ALN est d'échapper à la surprise que constituerait la rencontre imprévue de l'adversaire en force, ou le survol de son unité en plein découvert. A cet égard, les conditions d'existence pour l'ALN diffèrent sensiblement selon l'époque considérée et suivant les régions. Dans tel ou tel massif montagneux, chaotique, ou boisé, ou peu pénétré encore par l'armée française, une unité de l'ALN aura ses cantonnements, ordinairement multiples, tantôt dans des abris creusés dans le sol, tantôt dans une mechta plus ou moins dépeuplée : entre deux déplacements ou coups de main, elle y trouvera le repos, avec un relatif bien-être.

Dans cette guerre de maquis, le monde ordinaire se referme pour le combattant, sans autre issue que la mort ou la paix finale. Ce sont dans les années 1956, 1957 que l'ALN (qui compte 60 000 hommes environ) remporte ses plus importants succès contre les troupes de l'armée française. Grâce, essentiellement, au ravitaillement en armes en provenance du Maroc et de la Tunisie. Il en sera autrement après la construction des « barrages », aux frontières tunisienne et marocaine.

L'immigration, second front

Le recensement de 1954 dénombre 211 000 Algériens en France, celui de 1962 fait état de 350 000. Le ministère de l'Intérieur, à la même époque, donne le chiffre de 436 000. Indépendamment des considérations sur le problème délicat de la nationalité-citoyenneté (qui est, en effet, algérien en 1962, année du recensement en France et de l'indépendance algérienne ?), un constat s'impose : l'immigration algérienne en France a doublé entre 1954 et 1962, très exactement pendant la durée de la guerre.

Le gros de la migration est formé d'hommes âgés de vingt à quarante ans. De tous les bouleversements que la société rurale algérienne a connus entre 1955 et 1962, ceux qui ont été déterminés par les regroupements de populations sont les plus profonds et les plus chargés de conséquences. En 1960, la moitié de la population rurale, soit le quart de la population totale, se trouve brutalement déplacée.

Aux « déplacements », il faut ajouter le fait qu'un million « d'hommes d'âge actif » sont sans emploi en Algérie. Un salarié sur deux travaille moins de cent jours par an. De 1954 à 1960, au total seuls 45 000 emplois industriels nouveaux sont créés, dont 25 000 dans le secteur du bâtiment-travaux publics. La pression démographique vient aggraver le processus conduisant au chômage. La population des Algériens musulmans passe de 4 890 000 en 1921 à 8 800 000 en 1954. La population masculine active augmente de 385 000 hommes, ce qui revient à dire qu'il aurait fallu créer, dès 1955, 70 000 emplois nouveaux pour les jeunes gens en âge de travailler. Comme c'est loin d'avoir été le cas, l'immigration est devenue la seule planche de salut.

La nécessité de remplacer des hommes du contingent français envoyés dans le combat algérien, le renouvellement de la structure sociale interne française, voilà les deux éléments essentiels qui aident à comprendre ce paradoxe : le nombre d'Algériens émigrant vers un pays qui leur fait la guerre.

Si l'on examine la répartition géographique des Algériens en métropole, on s'aperçoit que cinq départements continuent de jouer le rôle de centres d'attraction : la Seine ; le Nord avec l'agglomération Lille-Roubaix-Tourcoing, les charbonnages et l'industrie lourde ; la Moselle, en plein essor industriel ; le Rhône, avec Lyon ; les Bouches-du-Rhône, avec Marseille. Les Algériens, peu nombreux dans l'agriculture, se retrouvent surtout dans les régions industrialisées. La concentration dans les zones industrielles n'a fait que s'accentuer au cours des années 1948-1955.

La fédération du FLN en métropole a conservé sensiblement la même structure que le MTLD, auquel appartenait un grand nombre de ses membres. Le pays est divisé en cinq régions par le FLN : région parisienne et Ouest (Paris), région Nord et Est (Longwy), Région Centre (Lyon), région Sud-Est (Marseille) et région Sud-Ouest, encore inorganisée en 1956. L'organisation compte 8 000 membres environ au mois de juin 1956, mais grâce à une amélioration du recrutement, le nombre des militants inscrits approche 15 000 en 1957 [Stora, 1992].

Appliquant le principe selon lequel le succès d'une entreprise est fonction des moyens financiers dont disposent ses animateurs, les mouvements nationalistes algériens font porter leurs efforts sur le développement et la multiplication de leurs sources de revenus. Le coût élevé des armes pour les maquis, les exigences de l'action diplomatique, le soutien aux familles des militants détenus ou tués rendent les dépenses sans cesse plus importantes. Le développement de l'organisation clandestine contraint également à la mise en place de nouveaux cadres appointés par les partis.

Si l'on prend, à titre d'exemple, l'année 1961, le nombre de cotisants au FLN (150 000) et au MNA (10 000), sachant que la cotisation s'élève à 30 francs par personne, on obtient le chiffre de 58 millions de nouveaux francs en tout pour la seule année 1961 (environ 400 millions de francs 1993). Près de 6 milliards de centimes prélevés pour la seule année 1961 ! Approximativement, 400 millions de nouveaux francs (environ un peu plus de 3 milliards de francs 1993) ont été levés dans l'immigration algérienne en France, en sept ans de guerre. Une contribution tout à fait substantielle, apportée par le « second front », ouvert par le nationalisme algérien, contribution obtenue quelquefois par l'adhésion volontaire et par la contrainte.

La doctrine du FLN

Le mouvement indépendantiste radical tire sa force de ce qu'il se situe à l'intersection de deux grands projets : celui du mouvement socialiste et celui de la tradition islamique.

Du premier aspect, celui de l'influence française, il faut tout d'abord dire que le lieu de naissance (Paris, 1926) du mouvement indépendantiste a influé sur son développement idéologique ultérieur. L'expérience française a initié les premiers militants algériens radicaux à des modèles d'organisation et des rudiments d'idéologie socialiste à partir desquels ils vont analyser la situation de leur patrie, et chercher à comprendre les mécanismes et les valeurs d'un monde étranger ; cette expérience, enfin, les a mis en contact avec des modèles de vie industriels et urbains. Mais, de retour en Algérie, ils ne pouvaient donner corps à leurs aspirations dans des syndicats ou partis de gauche, dominés par les Européens.

A propos de cette « influence française », signalons également que la plupart des cadres nationalistes du FLN sont des déracinés, par leur rupture avec leur milieu d'origine, et par leur insertion sociale qui souvent les conduit à devenir des « révolutionnaires professionnels ». Le mouvement compte peu de dirigeants paysans, ou d'intellectuels. Ce sont néanmoins, dans leur majorité, des hommes plus instruits et mieux informés que la masse du peuple algérien. Beaucoup sont passés par l'école française, ont obtenu leur certificat d'études. Paradoxe ironique de l'histoire : l'instauration du système scolaire français se voulait assimilationniste, il apparaît en fait comme dégageant des ouvertures critiques et libératrices.

Sur les bancs des écoles françaises de la IIIe République, le credo républicain, les épisodes de la « grande Révolution » de 1789 laissent une impression durable dans les esprits des Algériens musulmans, devenus nationalistes. La curiosité pour le passé de l'histoire française se trouve portée par une espérance, on s'intéresse à elle parce que l'on s'estime en peine de sa liberté. Une France abstraite aux principes universels s'oppose à la France temporelle. Cette conception ne cessera de s'affirmer au moment de la guerre d'Algérie comme en témoigne cette lettre de prison d'un dirigeant du FLN, Mohammed Larbi Madi : « Je t'avoue que j'arrive de moins en moins à dissocier la France réelle de la France légale. Je cherche la France que j'ai apprise sur les bancs de l'école, et je ne la trouve que chez quelques Français qui précisément rougissent d'être français lorsqu'il est question de la guerre d'Algérie. » [Pervillé, 1984.]

Sur le second facteur principal, l'islam, il faut tout d'abord préciser que la quasi-totalité des Algériens, dans la première moitié du XXe siècle, sont demeurés fidèles aux habitudes religieuses de leurs ancêtres. Fidélité faite de survivances et d'habitudes sociales, attachements à des pratiques où le conformisme avait autant de part que l'adhésion personnelle. La politique indépendantiste réactive le facteur religieux. L'islam est à la fois idéologie de combat, projet de société. Reconquête des termes et des droits prescrits par le temps, le « paradis » des origines, de plus en plus perdu, devient, par la religion, de plus en plus vivant. La révolution indépendantiste promise garde certains traits des révoltes à base d'espérances millénaristes, ou d'émeutes pour la subsistance. Ce type d'idéologie nationaliste produit le *refus du compromis* avec le monde existant. Événement central, l'indépendance est le moment attendu et inespéré, le sens d'un avenir et surtout un pur présent. Les militants algériens éprouvent les institutions coloniales dans lesquelles ils sont appelés à vivre non comme fondées en raison, mais comme parfaitement arbitraires.

Le mérite historique des responsables qui déclenchent l'insurrection en novembre 1954 est d'avoir débloqué, par les armes, le *statu quo* colonial. Ils ont permis que l'idée d'indépendance prenne consistance pour des millions d'Algériens. Mais, comme le note le sociologue algérien Abdelkader Djeghloul, « la guerre enclenche un processus de déperdition du capital d'expérience démocratique et politique moderne que les différentes formations politiques avaient commencé à élaborer avant 1954 » [Djeghloul, 1990].

Conscient des contradictions qui le traversent, le FLN, sans cesse, s'est plié à l'urgence tactique : drainer les convictions, mobiliser les énergies disponibles pour l'indépendance, en reportant à plus tard l'examen des particularités. Cette conception d'une société indifférenciée, « guidée » par un parti unique, implique une vision particulière de la nation. Après l'indépendance, bloc indécomposable, la nation est perçue comme une figure indissociable unie et unanime.

Le thème du « peuple uni » doit réduire les menaces d'agression externe (francisation, assimilation) et de désintégration interne (régionalisme, particularismes linguistiques). Ce dernier aspect concerne essentiellement la « question berbère », niée dans la mise en place des institutions nationales de l'après-guerre. L'utilisation du populisme accroît le fossé entre la société réelle, différenciée socialement et culturellement, et le système politique du parti unique, qui se forgera surtout dans la seconde partie de la guerre, entre 1958 et 1962. L'assassinat d'Abbane Ramdane en décembre 1957 (l'organisateur du congrès de la Soummam qui avait préconisé la suprématie des « politiques » sur les « militaires »), décidé par d'autres dirigeants du FLN, ouvre la voie à la domination politique de « l'armée des frontières » sur le nationalisme algérien, cette armée qui, à la suite de l'édification des barrages le long des frontières tunisienne et marocaine, campe à l'extérieur du territoire algérien. Dirigée par Houari Boumediene, son poids, son rôle vont en s'agrandissant à partir de 1958.

L'action internationale du FLN

Les nationalistes algériens connaissent le risque de se trouver face à face avec la formidable machine de guerre française. Très vite, ils prennent conscience du nécessaire élargissement de leur audience au niveau international. La lutte armée se double donc d'une action politique et diplomatique. L'objectif est de sensibiliser l'opinion publique mondiale à la cause indépendantiste algérienne, intéresser les gouvernements étrangers, mobiliser les instances internationales telles que l'ONU ou la Croix rouge. Cette internationalisation du conflit, voulue par le FLN, permettra de trouver un appui matériel (livraisons d'armes, surtout en provenance des pays de l'Est), et un soutien moral (pressions sur la France à propos de sa politique algérienne).

Dès le début du conflit, en janvier 1955, la *Ligue arabe*, en particulier l'Égypte et l'Arabie saoudite, attire l'attention du Conseil de sécurité de l'ONU sur la gravité de la situation en Algérie. La conférence des non-alignés de Bandoeng, en avril 1955, entend les communications des responsables algériens. En septembre de cette même année, pour la première fois, l'ONU inscrit le problème des « événements d'Algérie » à son ordre du jour. En juillet 1956, l'*Union générale des travailleurs algériens* (UGTA), organisation syndicale liée au FLN, se voit reconnue par la *Confédération internationale des syndicats libres* (CISL), au détriment de sa concurrente, l'*Union des syndicats des travailleurs algériens* (USTA) animé par des militants du MNA. Dans le même temps, l'*Union générale des étudiants musulmans algériens* (UGEMA) participe activement à différents rassemblements mondiaux culturels et développe une intense propagande [Pervillé, 1984].

Le congrès de la Soummam, en août 1956 détermine de la sorte l'action internationale du FLN : « Sur le plan extérieur, rechercher le maximum de soutiens matériels, moraux et psychologiques. Provoquer chez les gouvernements du Congrès de Bandoeng, en plus de l'intervention à l'ONU, des pressions diplomatiques [...] sur la France ». En cette année 1956, au moment où l'ONU remet la question algérienne à son ordre du jour [Gadant, 1988], des délégations du FLN s'installent en mission : en Europe de l'Est (Berlin-Est, Prague), en Europe de l'Ouest (Bonn, Rome, Londres), aux

États-Unis (New York), en Chine, en Inde et en Amérique latine.

Deux événements accélèrent et élargissent l'internationalisation du conflit algérien : le détournement de l'avion des responsables du FLN le 22 octobre 1956, et le bombardement français du village tunisien de Sakiet-Sidi-Youssef le 8 février 1958, qui soulève l'émotion de l'opinion mondiale. A la veille de la chute de la IVᵉ République, la France se trouve mise en accusation à l'ONU. La solidarité atlantique et européenne est très incertaine concernant l'Afrique du Nord.

Dans la conduite de la guerre contre la France, les nationalistes algériens mettent en place « une diplomatie des maquisards ». Très tôt, ils construisent un appareil diplomatique, une représentation extérieure qui continuera de fonctionner efficacement après l'indépendance de 1962.

Pourquoi nous combattons*

La révolution algérienne a la mission historique de détruire de façon définitive et sans retour le régime colonial odieux, décadent, obstacle au progrès et à la paix.
[...]
2. Cessez-le-feu
Conditions :
a) politiques:
1 — reconnaissance de la nation algérienne indivisible. Cette clause est destinée à faire disparaître la fiction colonialiste de « l'Algérie française » ;
2 — reconnaissance de l'indépendance de l'Algérie et de sa souveraineté dans tous les domaines, jusques et y compris la défense nationale et la diplomatie ;
3 — libération de tous les Algériens et Algériennes emprisonnés, internés ou exilés en raison de leur activité patriotique avant et après l'insurrection nationale du 1ᵉʳ novembre 1954 ;
4 — reconnaissance du FLN, comme seule organisation représentant le peuple algérien et seule habilitée en vue de toute négociation. En contrepartie, le FLN est garant et responsable du cessez-le-feu au nom du peuple algérien.
b) militaires:
les conditions militaires seront précisées ultérieurement.

* Extraits de la plate-forme de la Soummam, *El Moudjahid*, numéro spécial, n° 4.

V / De Gaulle et la guerre (1958-1959)

Vers la chute de la IVᵉ République

Le 11 janvier 1958, une section d'appelés tombe dans une embuscade tendue près de la frontière tunisienne : quatre soldats du contingent sont emmenés en captivité au-delà de la frontière. Salan réclame le droit de poursuite : le gouvernement y consent. De son côté, la marine s'empare d'un cargo yougoslave, *Le Slovénija*, au large d'Oran le 18 janvier. Il transporte cent quarante-huit tonnes d'armes destinées aux camps d'entraînement de l'ALN au Maroc, provenant de Tchécoslovaquie.

En fait, quantité de pays aident désormais le FLN, y compris le Royaume-Uni et les États-Unis qui livrent des armes à la Tunisie. Le 8 février, Salan autorise des bombardiers à poursuivre une colonne de l'ALN en territoire tunisien. Le village de Sakiet-Sidi-Youssef est pris pour cible : soixante-neuf civils sont tués, cent trente blessés. Après cette affaire, véritable désastre pour l'image de la France au plan international, le gouvernement français se trouve dans l'obligation d'accepter une mission de « bons offices » anglo-américaine. Cette mission doit étudier le problème de la présence française en Tunisie, et notamment de la base de Bizerte dont Bourguiba réclame l'évacuation.

Pendant ces trois mois, l'ALN poursuit ses efforts contre la ligne Morice : le barrage électrifié démontre son efficacité et permet au gouvernement d'envisager l'abaissement de la durée du service militaire (vingt-quatre mois au lieu de vingt-six en 1957), et de tailler dans les dépenses de l'armée. De quoi exaspérer les pieds-noirs et l'armée, unis contre les partis qui soutiennent le gouvernement. Le *Courrier de la colère* de Michel Debré, qui est un proche du général de Gaulle, se déchaîne contre le recours à l'ONU. Le 13 mars 1958, des policiers manifestent violemment contre le gouvernement, devant le Palais-Bourbon. Le 15 avril, Félix Gaillard, qui a paru céder aux pressions de l'OTAN et des « missionnaires » Robert Murphy et Harold Beeley[1], est mis en minorité par la coalition des communistes, des gaullistes et des poujadistes... Le gouvernement vacille [Winock, 1985].

La crise du régime parlementaire, la paralysie qui s'installe dans l'administration, la chute du franc liée à la perte de crédit de la France dans le monde, le déficit du commerce extérieur, enfin le climat d'impuissance qui gagne le sommet de l'État, confronté à l'épineux problème posé par la guerre d'Algérie..., tous ces facteurs se conjuguent, et la IVe République meurt de son impuissance. En Algérie, c'est l'engrenage infernal. Les « centurions » des unités parachutistes qui se sont salis les mains, les officiers du bled, les chefs des SAS qui rêvent de recommencer l'œuvre de Lyautey, ont engagé leur honneur et leur parole. Ils ne supportent plus la valse des gouvernements, leurs contacts secrets avec des émissaires du FLN, les pressions de l'étranger...

Le 13 mai 1958

Le 26 avril 1958, plusieurs milliers de manifestants défilent à Alger pour réclamer un gouvernement de salut public. La veille, le général Salan informe que l'armée n'acceptera rien d'autre que l'écrasement total des « rebelles » suivie d'une éventuelle amnistie. Depuis un mois, le Parlement se révèle incapable de trouver un nouveau président du Conseil. Désemparé, le président René Coty fait appel, le 8 mai, au centriste Pierre Pflimlin (MRP), qui a publiquement annoncé son intention d'ouvrir des négociations avec le FLN. Salan proteste officiellement, et de nombreux leaders des Européens d'Algérie dénoncent ce « Diên-Biên-Phu diplomatique ». Le même jour, le FLN annonce l'exécution de trois

---

1. Harold Beeley était sous-secrétaire d'État au Foreign Office, chargé des affaires du Moyen-Orient ; Robert Murphy, qui avait été le représentant personnel du président Roosevelt en 1943 à Alger, était conseiller diplomatique du département d'État américain.

prisonniers du contingent. La situation échappe à Robert Lacoste, qui est convoqué à Paris le 10 mai.

En Algérie, l'armée demeure la seule autorité ; les « comités de défense de l'Algérie française », les anciens combattants appellent alors à une manifestation monstre le 13 mai pour rendre hommage aux militaires fusillés et imposer outre-Méditerranée un changement de régime. Cette journée aura d'extraordinaires conséquences. Les étudiants d'Alger, qui forment la troupe de choc des partisans de l'Algérie française, décident de se rassembler sur le Forum, devant l'immeuble du gouvernement général, et d'y attirer le cortège officiel qui rend hommage à la mémoire des soldats fusillés. L'opération réussit au-delà des espérances de ses divers protagonistes. La foule ne se disloque pas, et vient se heurter aux grilles du gouvernement général, défendues par des CRS que le colonel Godard a tôt fait de remplacer par les paras du 3e RPC du colonel Trinquier. Un camion GMC de ce régiment sert providentiellement de bélier aux plus déterminés des émeutiers, qui s'engouffrent dans le bâtiment aux côtés des paras. Quelques instants plus tard, le haut commandement participe à la fête : Massu et Salan, stupéfaits du spectacle, sont happés à l'intérieur de l'immeuble par la cohue des responsables de la manifestation, Léon Delbecque, Lucien Neuwirth, Pouget, Pierre Lagaillarde, Thomazo.

Tandis qu'en métropole le gouvernement Pflimlin, investi dans la nuit du 13 au 14, affirme sa volonté de défendre la souveraineté française et réagit à l'émeute en déclarant le blocus de l'Algérie, le général Salan couvre de son autorité la réunion improvisée d'un « Comité de salut public », présidé par le général Massu, chef de la 10e DP. Ce Comité, imité par des dizaines d'autres, s'attribue la mission de faciliter l'arrivée au pouvoir du général de Gaulle. Salan le proclame le lendemin devant la foule. Depuis des mois, en effet, la rumeur a enflé. D'abord simple murmure, hypothèse évoquée par le juriste Maurice Duverger dans les colonnes du *Monde*, idée admise par René Coty qui s'est dit prêt à s'effacer, la solution s'est peu à peu imposée à tous : seul le général de Gaulle peut tirer la France du bourbier algérien. Sera-t-il l'homme de l'indépendance ou de la fermeté ? En fin politique, il a refusé de se prononcer tant qu'il n'aurait pas le pouvoir. Ce qu'il souhaite, d'abord, c'est « restaurer l'autorité de l'État », entrer dans un nouveau régime taillé à sa mesure, doté d'un pouvoir présidentiel fort.

Le retour au pouvoir du général de Gaulle

Le général de Gaulle, sollicité depuis plusieurs semaines par ses partisans, sort enfin de sa réserve en déclarant, le 15 mai, que « devant les épreuves qui montent de nouveau » vers le pays, il se tient « prêt à assumer les pouvoirs de la République ». L'armée, dont le chef d'état-major, le général Paul Ely, est démissionnaire, n'obéit plus au gouvernement. Le bruit se répand que les paras se préparent à débarquer en métropole pour imposer un gouvernement de salut public. Le 19, le général de Gaulle réaffirme, devant la presse convoquée au palais d'Orsay, qu'il se tient à la disposition du pays. Il déclare ne pas avoir, à 67 ans, l'intention « de commencer une carrière de dictateur ». Antoine Pinay, ancien président du Conseil en 1952, rapporte de sa visite à Colombey-les-Deux-Églises, le 22 mai, l'assurance que le général de Gaulle refuse la direction d'un coup d'État fomenté par l'armée d'active. Mais la dissidence se transporte, le 24 mai, en Corse, où la préfecture est investie par les hommes du 13 mai, Thomazo et Pascal Arrighi à leur tête, avec l'appui des paras du 11e choc de Calvi, qui désarment les CRS sans coup férir. La population de Bastia assiste en riant à l'expulsion du maire-adjoint, resté fidèle au gouvernement.

A ce moment, l'opinion publique en métropole est convaincue que seul le général de Gaulle peut dénouer la crise, écarter la perspective d'une guerre civile, et en finir avec la guerre d'Algérie. Les images de la « fraternité » du 16 mai à Alger ont répandu l'illusion que les musulmans souhaitaient l'assimilation. La réconciliation semble possible.

Dans la nuit du 26 au 27, le travail des officiers aboutit enfin : Pfimlin et de Gaulle confrontent leurs points de vue dans un bâtiment du parc de Saint-Cloud. Le président du Conseil est acquis à l'idée de se démettre. Le lendemain, un communiqué du général de Gaulle informe qu'il « a entamé le processus régulier nécessaire à l'établissement d'une gouvernement républicain capable d'assurer l'unité et l'indépendance du pays ». Les Européens d'Algérie pavoisent : cette fois, le général a « parlé », comme l'y avait invité, dès le 11 mai, l'ancien pétainiste Alain de Sérigny dans son journal *L'Écho d'Alger*. L'armée et les pieds-noirs assistent avec joie à la cascade des événements : démission de Pfimlin, suivie, le 1er juin, de l'investiture du général de Gaulle par l'Assemblée, malgré le succès de la manifestation organisée le 28 mai par la gauche pour « défendre la République ».

Du 4 au 7 juin, le général de Gaulle accomplit un voyage en Algérie. Il prononce des discours à Alger (avec le célèbre « Je vous ai compris »), à Mostaganem (où il lance un « Vive l'Algérie française » qui lui sera, plus tard, vivement reproché), à Oran, Constantine, Bône, proclamant qu'il n'y a en Algérie « que des Français à part entière avec les mêmes droits et les mêmes devoirs ». C'est la fin de la IVe République et l'avènement de la Ve République. Une nouvelle Constitution est proposée qui donne de grands pouvoirs au président de la République. Il peut prononcer la dissolution de l'Assemblée nationale (article 12), il dispose des pleins pouvoirs en cas d'événements graves (article 16). Dans ce texte, l'exécutif est placé hors d'atteinte du Parlement qui voit son rôle considérablement réduit.

Le 28 septembre 1958, Européens et musulmans (dont les femmes) votent massivement en faveur de la Constitution de la Ve République. Et, le 3 octobre, ils apprennent de la bouche même du général de Gaulle, à Constantine, les futures transformations économiques et sociales que le gouvernement s'engage à financer en Algérie : 15 milliards de francs de grands travaux (soit 120 milliards de francs 1993) et de constructions urbaines, la scolarisation progressive des jeunes musulmans. Le 21 décembre 1958, le général de Gaulle est élu président de la République française et de la Communauté.

La politique algérienne du général de Gaulle

Avec le recul, le doute n'est pas possible sur la volonté du général de Gaulle. Le fameux « Je vous ai compris » est un constat. Pas un engagement. Il y a aussi le « Vive l'Algérie française » de Mostaganem. Mais un seul ! Très vite, le dessein se précise. De juin à décembre 1958, le général de Gaulle affirme sa volonté de rapprocher les musulmans des Européens, mais bannit de ses discours les expressions « d'Algérie française » et « d'intégration ». Dès le 28 août, une phrase prononcée lors d'un de ses voyages en Algérie alerte les partisans de l'Algérie française : « L'évolution nécessaire de l'Algérie doit s'accomplir dans le cadre français. » L'inquiétude sourd chez les pieds-noirs : le départ obligé des militaires de tous les comités de salut public, l'interdiction qui leur est notifiée de se présenter aux élections législatives en Algérie achèvent de jeter la suspicion sur les intentions du général de Gaulle, qui décolonise, dans le même temps, Madagascar et le reste de l'Afrique. La conférence de presse du 23 octobre 1958 ébranle les dernières consciences qui s'accrochent au souvenir du 13 mai et du discours de Mostaganem : le général de Gaulle offre « la paix des braves », sans autre condition que de laisser le « couteau au vestiaire ». Mais, le FLN, qui a constitué un Gouvernement provisoire de la République algérienne (GPRA), le 19 septembre 1958, rejette cet appel à la reddition, et accentue son action en métropole. L'année 1958 s'achève toutefois par des gestes de bonne volonté : grâce présidentielle pour des condamnés du FLN, qui libère des militaires français prisonniers.

Le soir du 16 septembre, 1959, le général de Gaulle apparaît sur les écrans de télévision. Il explique que, dix-huit mois après son retour au pouvoir, l'économie se redresse. Puis, arrive le moment du choc : « Compte tenu de toutes les données algériennes, nationales et internationales, je considère comme nécessaire que le recours à l'autodétermination soit dès aujourd'hui proclamé. Au nom de la France et de la République, en vertu du pouvoir que m'attribue la Constitution de consulter les citoyens, pourvu que Dieu me prête vie et que le peuple m'écoute, je m'engage à demander, d'une part, aux Algériens, dans leurs douze départements, ce qu'ils veulent être en définitive, et, d'autre part, à tous les Français d'entériner ce choix. » Le général de Gaulle ne fixe pas d'échéances précises, de calendrier pour une éventuelle négociation. Il affirme aussi qu'en cas de sécession « toutes dispositions seraient prises pour que l'exploitation, l'acheminement, l'embarquement du pétrole saharien, qui sont l'œuvre de l'armée et intéressent tout l'Occident, soient assurés, quoi qu'il arrive ».

Mais après cinq ans d'une guerre cruelle, commencée le 1er novembre 1954, et qui n'osait toujours pas avouer son nom, le mot tabou est lâché : « autodétermination ». Les illusions et les ambiguïtés de la politique du général de Gaulle sont désormais levées. Rejetant en fait l'intégration, baptisée par lui « francisation », le chef de l'État offre aux Algériens le choix entre l'association et la sécession. Ce discours du 16 septembre 1959 marque un véritable tournant dans la

vie politique française, empoisonnée par la question algérienne. Il suppose la négociation ouverte avec le FLN, et
accorde à la population musulmane (majoritaire aux neuf
dixièmes) de trancher le sort de l'Algérie. Les partisans de
l'Algérie française crient aussitôt à la trahison, clament qu'ils
ont été dupés. Ils soulignent que les principes proclamés dans
ces journées de mai-juin 1958 se trouvent remis en question,
puisque l'Algérie française n'est plus une évidence, mais
devient une question référendaire. A la suite de ce discours,
la bataille politique qui s'engage ne tarde pas à révéler des
divisions au sein de l'UNR (Union pour la nouvelle République): neuf députés gaullistes quittent la formation le
8 octobre 1959. Dès le 19 septembre, Georges Bidault crée
le *Rassemblement pour l'Algérie française.* On y trouve aussi
bien des démocrates-chrétiens que des gaullistes « soustel-
liens », ou des élus algériens favorables à l'intégration. Le
seul parti qui adhère complètement aux propos du général
de Gaulle est le MRP. Lors du débat parlementaire le 6 octobre, le général Challe parle de « pacification intégrale ».
C'est le signe d'un raidissement de l'armée, qui ne veut pas
entendre parler de « négociations » et veut poursuivre la
guerre pour la victoire.

De l'autre côté, le GPRA pose, le 28 septembre 1959,
l'indépendance comme préalable à toute négociation. Le
20 novembre, les nationalistes algériens désignent Ahmed
Ben Bella et ses compagnons de détention pour négocier avec
la France, laquelle repousse cette suggestion. Cette méfiance
algérienne s'explique, en grande partie, par l'ampleur considérable que la guerre a prise sous les ordres du général de
Gaulle.

Sous le général de Gaulle, la guerre qui continue

Dans l'année 1959, en effet, le général de Gaulle exige de
l'armée qu'elle porte les coups les plus rudes à l'ALN, afin
de la contraindre à négocier aux conditions fixées par la
France. Salan est muté à Paris, le 19 décembre 1958, le général Challe le remplace.

Fort de ses cinq cent mille hommes, le général Challe
lance, en 1959, des opérations d'envergure interarmées contre
les maquis de l'ALN. Ses « commandos de chasse » obtiennent des résultats probants et brisent les katibas des willayas

de la Kabylie et des Aurès, déjà affaiblies par des purges internes, provoquées par les intoxications du 2e Bureau (service de renseignement). Le 28 mars, les colonels Amirouche et Si Haoues, respectivement responsables des wilayas III (Kabylie) et VI (Sahara), sont tués au combat. Le 22 juillet, une action militaire généralisée, l'opération « Jumelles », mettant en ligne plus de vingt mille hommes, est déclenchée en Kabylie sous le contrôle du général Challe. Pourtant, la « pacification » demeure aléatoire dans ces « mille villages » où l'on regroupe de force les populations déplacées. Mais, pour les officiers, grâce aux grandes opérations du général Challe, l'impression prévaut de gagner enfin vraiment sur le terrain : les *katibas* du FLN sont traquées, beaucoup sont anéanties. De petits groupes affamés se terrent au plus profond des massifs montagneux. La guerre est terrible pour les Algériens : plus de deux millions de paysans sont déplacés. Dès le 18 avril 1959, Michel Rocard, alors jeune haut fonctionnaire, avait adressé au Garde des sceaux un rapport critique sur les camps de regroupement en Algérie. Et, le 5 janvier 1960, *Le Monde* publie le rapport de la Commission internationale sur les camps d'internement en Algérie, qui fait grand bruit.

Le 18 janvier 1960, le journal allemand *Süddeutsche Zeitung* publie une interview dans laquelle le général Massu déclare que l'armée, « qui a la force » et « la fera intervenir si la situation le demande », ne comprend plus la politique algérienne du général de Gaulle. Un démenti est publié, mais Massu est convoqué à Paris et est remplacé, le 22, par le général Jean Crépin comme commandant du corps d'armée d'Alger. Des bruits d'insurrection circulent... En avril 1959, le général de Gaulle avait indiqué que « l'Algérie de papa est morte, et si on ne le comprend pas, on mourra avec elle ». En ce début d'année 1960, la guerre d'Algérie entre dans une nouvelle phase, celle d'un affrontement franco-français, où certains voudront « mourir pour l'Algérie ».

VI / Les guerres dans la guerre (1960-1961)

La semaine des barricades

Les pieds-noirs savent qu'à un contre neuf, ils sont perdus si la France les abandonne. Il y a eu trop de morts, de ratonnades, de tortures et d'exécutions sommaires. Le jour où « ils » descendront de la Casbah ou de la montagne, ce sera le massacre. « Ils » commencent déjà à manifester dans les villes, aux cris de « Vive de Gaulle », « Vive le FLN ». Pour ceux de Bab-el-Oued, dans les faubourgs d'Alger, ou d'Oran, c'est le début de la grande peur. Fini le temps de la *tchatche* (la parlotte) où l'on narguait les *patos* (les métropolitains). Sans leur aide, c'est « la valise ou le cercueil ».

Le 24 janvier 1960, à Alger, les activistes pieds-noirs se heurtent aux gendarmes du service d'ordre. Une fusillade, boulevard Laferrière, fait vingt morts (quatorze gendarmes et six manifestants) et cent cinquante blessés avant que les paras n'interviennent. Pierre Lagaillarde et Jo Ortiz[1] organisent alors un camp retranché au centre d'Alger, au nom de l'Algérie française. La 10e division parachutiste du général Gracieux et la communauté européenne ne leur apportent pas tout le soutien espéré. Paul Delouvrier, délégué général en Algérie, lance le 28 janvier un appel à l'armée, aux musulmans, aux Européens, leur demandant de faire confiance au général de Gaulle. Le 29, dans une déclaration télévisée (c'est l'époque où il apparaît beaucoup à la télévision), le général

---

1. Respectivement président des Étudiants d'Alger (élu député en 1958) et propriétaire du bar du Forum, à Alger.

de Gaulle condamne formellement les émeutiers et, s'adressant à l'armée, déclare : « Je dois être obéi de tous les soldats français. »

Déconfits, des émeutiers d'Alger font leur reddition le 1er février et abandonnent les barricades. Joseph Ortiz s'enfuit. Pierre Lagaillarde est transféré et incarcéré à la prison de la Santé. Le lendemain, 2 février, l'Assemblée nationale, convoquée en session extraordinaire, accorde au gouvernement les pouvoirs spéciaux pendant un an pour « le maintien de l'ordre et la sauvegarde de l'État ». Mais la « semaine des barricades » a dévoilé des flottements dans le commandement. Le général de Gaulle ordonne des mutations ; celle du général Challe, remplacé par Crépin, intervient le 30 mars. Jacques Soustelle, ardent partisan de l'Algérie française, quitte le gouvernement le 5 février. Et Alain de Sérigny, directeur de *L'Écho d'Alger*, est inculpé le 8 février de complicité d'atteinte à la sûreté intérieure de l'État. L'affaire algérienne dessine les contours d'un véritable affrontement franco-français qui se prépare. Le général de Gaulle tente de rassurer, de prévenir le danger. Du 3 au 5 mars, il entreprend en Algérie une « tournée des popotes », et déclare que le problème algérien ne sera réglé qu'après la victoire des armes françaises. Il sait pourtant que la question est politique, et qu'il faut résolument changer de cap.

Initiatives pour une fin de guerre

Au printemps 1960, l'armée française croit avoir gagné la guerre. L'Oranie « pacifiée » est citée en exemple : les véhicules civils peuvent désormais circuler sans escorte dans les campagnes. Les chefs de la wilaya IV, celle de l'Algérois, jugent que le combat est perdu, et prennent contact avec des officiers français. Ils sont conduits secrètement à l'Élysée : ce sera « l'affaire Si Salah », ce responsable nationaliste algérien qui rencontre le général de Gaulle, le 10 juin 1960. Mohamed Zamoum (dit « Si Salah »), à l'insu des dirigeants du FLN de Tunis, entend engager des négociations directes avec la France.

Serait-ce enfin la paix des braves, avec ceux qui se sont si durement battus sur le terrain ? Non. De Gaulle a déjà entamé la négociation avec les « politiques » du FLN, qui disposent d'un début de reconnaissance internationale et de cette fameuse « armée des frontières » qui n'a jamais pu traverser en force les deux barrages électrifiés isolant l'Algérie de la Tunisie et du Maroc (« Si Salah », lui, sera exécuté le 20 juin 1961, par des unités spéciales de l'armée française).

Les premiers pourparlers entre le FLN et le gouvernement français s'ouvrent à Melun le 25 juin 1960. Ce sera un échec, mais la négociation a créé un immense espoir en France : la paix et le retour du contingent semblent proches. Les leaders algériens Ferhat Abbas et Lakhdar Ben Tobbal parcourent le monde pour recueillir des voix au prochain débat de l'ONU. La reconnaissance de la représentativité du FLN croît parmi les alliés africains de la France. Une conférence de neuf États indépendants d'Afrique avait invité, dès le 3 août 1959, la France à reconnaître le droit du peuple algérien à l'autodétermination. En métropole, les organisations de gauche affirment publiquement leur solidarité avec la « cause algérienne ». Le 2 juin 1960, cinquante-trois mouvements de jeunesse, prenant pour la première fois une position commune, expriment leur volonté de voir cesser la guerre l'Algérie. Le 9 juin, l'UNEF (Union nationale des étudiants de France) rencontre des dirigeants de l'organisation dissoute l'Union générale des étudiants musulmans algériens (UGEMA), et réclame un cessez-le-feu, l'autodétermination. Le 30 juin, la CGT, la CFTC, la FEN et l'UNEF signent une déclaration commune affirmant leur volonté de voir les négociations s'engager réellement entre le gouvernement français et le GPRA.

Au moment où s'ouvre, le 5 septembre, le procès des membres du réseau de soutien au FLN, dit « réseau Jeanson », 121 personnalités publient un « manifeste sur le droit à l'insoumission » (édité par François Maspero) le 6 septembre 1960. Plusieurs inculpations s'ensuivront. Une ordonnance, publiée le 29 septembre au *Journal officiel*, prévoit des sanctions particulières pour les fonctionnaires, et l'interdiction de radiotélévision pour tous les signataires. Le 1er octobre, quinze accusés du « réseau Jeanson » sont condamnés à dix ans de prison. En dépit de cette répression, le mouvement de protestation contre la guerre s'amplifie. Le 27 octobre, l'UNEF organise une importante manifestation à la Mutualité « pour la paix, par la négociation ».

En Algérie, les Européens et le haut commandement sont fixés : l'Algérie « de papa » est bien morte, et le FLN a regagné sur la scène politique et diplomatique tout le terrain perdu par les armes. Le 4 novembre 1960, le général de Gaulle veut précipiter le règlement de l'affaire : il emploie l'expression de « République algérienne » et annonce un référendum sur le principe de l'autodétermination en Algérie. En décembre 1960, le voyage du général de Gaulle en Algérie est le prétexte, à Alger et Oran, de violentes manifestations européennes. Mais le fait majeur, nouveau, est l'irruption massive des masses urbaines algériennes. Les manifestants scandent « Algérie musulmane », « Vive le FLN ». Gendarmes et CRS tirent. Un bilan officiel fait état de cent douze morts musulmans à Alger.

Le 8 janvier 1961, la politique algérienne du général de Gaulle est soumise à référendum. Le « oui » obtient 75,25 % des suffrages exprimés en métropole, 69,09 % en Algérie. Le succès de ce référendum, y compris en Algérie, où seuls les grandes villes ont voté « non », démontre aux jusqu'au-boutistes de l'Algérie française qu'il faut se hâter. Georges Pompidou, au nom du gouvernement Debré, mène une diplomatie secrète en Suisse. Le lendemain de la rencontre du général de Gaulle et de Bourguiba à Rambouillet, le 27 février, la France, soulagée, apprend que des négociations s'ouvriront à Évian le 7 avril. C'est alors que le général Salan, interdit de séjour en Algérie, croit le moment venu de préparer une sorte de contre-révolution avec l'aide de l'armée d'active, découragée de se battre, et des Européens en proie à la panique. Des contacts se nouent en métropole. C'est la création de l'Organisation armée secrète (OAS). La révolte contre le général de Gaulle ne mobilise pas seulement des illuminés qui rêvent d'une Algérie impossible. La semaine des barricades, en janvier 1960, montrait déjà la crise de conscience de certaines unités.

Le putsch des généraux

Le 11 avril, le chef de l'État, lors d'une conférence de presse, confirme sa nouvelle orientation : « La décolonisation est notre intérêt, et par conséquent notre politique », dit le général de Gaulle. Quelques-unes des plus hautes figures de l'armée française décident de préparer un putsch contre lui. Le général Challe, arrivé clandestinement à Alger, se lance dans l'aventure d'un coup d'État contre la République, pour le maintien de l'Algérie française, avec les généraux Jouhaud, Zeller et Salan.

Le vendredi 21 avril 1961 à minuit, les Bérets verts du 1er REP (régiment étranger de parachutistes) marchent sur Alger et s'emparent du gouvernement général, de l'aérodrome, de l'hôtel de ville, du dépôt d'armes. En trois heures, la ville est aux mains des putschistes et, au matin, les Algérois peuvent entendre sur l'antenne de la radio, tombée aux mains de l'armée, ce communiqué de Challe : « Je suis à Alger avec les généraux Zeller et Jouhaud et en liaison avec le général Salan pour tenir notre serment, le serment de l'armée de garder l'Algérie. »

A Paris, le gouvernement se contente d'annoncer qu'il « a pris les mesures nécessaires » et décrète l'état d'urgence. Cependant, les ralliements de l'armée aux putschistes se font attendre. Déjà, le général de Gaulle semble persuadé de l'échec des militaires rebelles : en Conseil des ministres, à 17 heures, il commente : « Ce qui est grave dans cette affaire, c'est qu'elle n'est pas sérieuse. »

Mais tandis qu'à Alger Salan se fait acclamer par la foule, à Paris, on craint le coup d'État militaire et un débarquement sur la capitale. De Gaulle décide alors l'application de l'article 16 de la Constitution conférant au président de la République quasi tous les pouvoirs. Le dimanche soir, il intervient à la télévision sur un ton sans réplique. Il dénonce « la tentative d'un quarteron de généraux en retraite » qui possèdent « un savoir-faire expéditif et limité », mais qui ne voient le monde « qu'à travers leur frénésie ».

Sur les militaires du contingent qui forment l'essentiel des troupes stationnées en Algérie, l'effet est foudroyant. Entendue sur les transistors, que les officiers n'avaient pas réussi à confisquer, l'allocution légitime les résistances de ceux qui s'opposaient à leurs officiers « challistes » et fait basculer le contingent dans l'opposition au putsch. A Paris, le Premier ministre, Michel Debré, n'en est pas moins affolé et apparaît à minuit à la télévision pour demander à chacun de se rendre à pied ou en voiture vers les aéroports pour empêcher une éventuelle action des généraux putschistes.

Le mardi 25 avril, à Alger, les généraux se font une dernière fois acclamer au balcon du gouvernement. Puis Maurice Challe se rend, tandis qu'Alger crie à la trahison. Le putsch a échoué. Le 28 avril, une décision institue un Haut Tribunal militaire, chargé de juger les insurgés. Le général

Marie-Michel Gouraud, puis les généraux Pierre-Marie Bigot et André Petit sont inculpés et écroués à la Santé. Le 30, le général Jean-Louis Nicot est mis aux arrêts de forteresse. Tous ces hommes avaient participé au « putsch des généraux ». Le 3 mai, le Conseil des ministres décide la dissolution du Conseil de l'ordre des avocats d'Alger, et l'interdiction *sine die* de *L'Écho d'Alger*. L'ex-général Zeller tombe aux mains des autorités d'Alger le 6 mai. Mais R. Salan et E. Jouhaud sont en fuite, et vivent dans la clandestinité. L'OAS, désormais, va prendre la relève.

Le temps de l'OAS

Dès avant le putsch d'avril 1961, le sigle OAS (Organisation armée secrète) est connu de la population européenne d'Alger et d'Oran. Il s'agissait en fait d'un petit mouvement clandestin, fondé vraisemblablement au début de l'année 1961 et dont Pierre Lagaillarde, alors réfugié à Madrid, a toujours revendiqué la paternité. Ses effectifs ne dépassaient guère toutefois deux à trois cents militants, et il coexistait avec d'autres « activistes » qui tentaient depuis plusieurs mois de mobiliser par l'action violente, au service de la cause de l'Algérie française, la population européenne d'Algérie : FAF (Front de l'Algérie française) clandestin, Réseau Résurrection-patrie, mouvement du viticulteur Robert Martel, Étudiants nationalistes, etc.

Quoi qu'il en soit, c'est sous les initiales de l'OAS que choisissent de se regrouper, à Alger, dans le courant du mois de mai 1961, le général Paul Gardy, les colonels Roger Gardes et Yves Godard, le lieutenant Roger Degueldre (qui a déserté le 4 avril), le docteur Jean-Claude Perez et Jean-Jacques Susini. Un « comité directeur de l'OAS » est constitué et les liaisons sont établies avec les généraux Raoul Salan et Edmond Jouhaud, errant dans la Mitidja (la grande plaine de l'Algérois) sous la protection des réseaux de Martel ; au général Salan est attribué le commandement suprême. En s'inspirant de l'exemple du FLN, et des leçons des bureaux militaires d'action psychologique, un premier organigramme est dressé par le colonel Godard, ancien du Vercors, et les tâches distribuées. Au colonel Godard revient le renseignement ; au colonel Gardes, « l'organisation des masses » ; au docteur Perez et au lieutenant Degueldre, l'action directe ; à Jean-Jacques Susini, la propagande et l'action psychologique.

Les objectifs sont simples : rester fidèles à l'esprit du 13 mai 1958, résister à la politique du « dégagement » algérien menée par le pouvoir gaulliste, construire une Algérie nouvelle « fraternelle et française ». Dans l'immédiat est seulement envisagée la préparation de l'insurrection populaire à Alger et peut-être à Oran, qui devait, pensait-on, casser le mécanisme des négociations engagées le 20 mai 1961 à Évian entre le gouvernement français et le FLN ; et ainsi constituer un obstacle infranchissable à la poursuite de la politique algérienne de la Vᵉ République.

Dans la négociation qui s'ouvre entre le FLN et le gouvernement français, on entre alors dans la période de tous les dangers. Le FLN, qui veut aborder la négociation en position de force, multiple les actions, causant 133 morts entre le 21 mai et le 8 juin. Dans la même période, l'OAS pratique la politique du pire et enchaîne les actions terroristes. Les commandos de l'organisation s'attaquent aux commerçants musulmans, aux fonctionnaires de l'administration fiscale, de la police, de l'enseignement. Son emprise sur la population européenne d'Algérie se renforce et le général de Gaulle, surnommé la « Grande Zohra », est désormais conspué et haï. Les pieds-noirs sont déçus lorsqu'ils apprennent qu'il a échappé à un attentat le 9 septembre 1961 à Pont-sur-Seine.

L'automne 1961 est pour l'OAS la saison de l'espérance. Sur le plan de l'organisation interne, le mouvement a définitivement trouvé les conditions de son unité et de sa cohésion. L'autorité du général Salan et de son état-major n'est plus contestée. Dans les grandes villes d'Algérie, c'est avec un enthousiasme souvent tumultueux que la quasi-totalité de la population européenne accorde à l'orgnisation sa participation ou sa complicité. De grandes manifestations collectives, la journée des casseroles (23 septembre), celle des oriflammes (25 septembre), celle des embouteillages (28 septembre), la multiplication des émissions-pirates à la radio, les « opérations ponctuelles » qui frappent durement les responsables de la répression politique, échauffent la ferveur du petit peuple pied-noir, mobilisent son ardeur et sa foi. Le 9 octobre 1961, le général Salan peut annoncer qu'il disposera avant la fin de l'année d'une armée de 100 000 hommes « armés et disciplinés ».

La détermination algérienne

Le Gouvernement provisoire de la République algérienne (GPRA) est né le 19 septembre 1958. Il est présidé par Ferhat Abbas, et remplace le Comité de coordination et d'exécution (CCE), première direction centralisée du FLN. Un an plus tard, en décembre 1959, un État-Major général (EMG) de l'ALN est institué, sous la direction du colonel Houari Boumediene. Malgré les contradictions qui vont apparaître entre elles, ces deux structures entendent, dans un premier temps, jouer un rôle complémentaire : au GPRA revient la tâche de gagner des soutiens sur la scène politique internationale, d'entreprendre d'éventuelles négociations avec la France. L'EMG, de son côté, aura comme mission de réorganiser l'ALN, affaiblie par les offensives de l'armée française en 1958-1959, cantonnée aux frontières marocaine et tunisienne.

En un temps record, le FLN est donc parvenu à unifier ou à neutraliser l'ensemble des formations politiques et catégories sociales algériennes. Cette hégémonie conquise sur la société en Algérie constituera son atout décisif dans les négociations finales avec le gouvernement français. Elles s'ouvrent à Melun en 1960, puis se déroulent à Évian en 1960. Le monopole de représentation du peuple algérien par le FLN est admis difficilement par le gouvernement français. Il est vrai que dans les grandes manifestations urbaines, le soutien manifeste au GPRA, en décembre 1960, contribue à asseoir cette légitimité.

Se forge alors, dans cette seconde partie de la guerre (qui commence en 1958 avec l'arrivée au pouvoir du général de Gaulle en France), une histoire héroïque qui donne à voir « un seul héros, le peuple », soudé derrière le seul FLN. La transformation des individus isolés en un être collectif, le peuple, seul héros pour la nation nouvelle, est érigé en légitimité suprême et en acteur unique de la révolution à accomplir. Dans *El Moudjahid* (organe central de FLN) du 1er novembre 1958, Krim Belkacem écrit : « Notre révolution devient le creuset où les hommes de toutes conditions, paysans, artisans, ouvriers, intellectuels, riches ou pauvres subissent un brassage tel qu'un type d'homme nouveau naîtra de cette évolution. » Dans cette version, la violence du colonisateur impulse une dynamique de rassemblement, de libération par un peuple unanime. Frantz Fanon, médecin antillais passé dans le camp de l'indépendance algérienne, théorisera cette approche en 1959, dans son ouvrage, *L'An V de la révolution algérienne*. Il évoque la nécessité pour les peuples coloniaux de secouer l'oppression étrangère par la force et la violence, utilisées non seulement comme techniques militaires, mais également comme précondition psychologique essentielle pour la marche vers l'indépendance.

Toutefois, sous les coups de boutoir des opérations militaires françaises dirigées par le général Maurice Challe, les wilayas de l'intérieur se sont effondrées dans les années 1959-1960. Après la mort de Mostefa Ben Boulaïd (il s'était évadé de la prison de Constantine quelques mois auparavant), le 27 mars 1956, victime d'un colis piégé parachuté par le deuxième Bureau français, les maquisards des Aurès n'arrivent toujours pas à se réorganiser. Dans la wilaya III, en Kabylie, Amirouche caresse l'idée d'une refonte de l'organisation qui redonnerait la primauté à « l'intérieur » sur l'extérieur. Si Haouès, le responsable de la wilaya VI (le Sahara) partage les préoccupations d'Amirouche : lui aussi proteste contre le manque d'armes, l'isolement des wilayas de l'intérieur. Mais Amirouche et Si Haouès, on l'a vu, meurent dans une embuscade, le 28 mars 1959. Leur disparition démoralise davantage encore les combattants de l'intérieur, et provoque les tentatives de négociations séparées avec la France, menées en particulier par Si Salah en juin 1960, au nom des combattants de l'intérieur.

Toutefois, la France est isolée sur le plan politique internationale. Le FLN, qui n'a cessé de se battre pour le maintien de l'intégrité du territoire algérien dans le cadre des frontières coloniales, va l'emporter politiquement. Le 5 septembre 1961, le général de Gaulle reconnaît le caractère algérien du Sahara. Le 5 mars 1962, les négociations d'Évian peuvent s'ouvrir avec le GPRA, devenu le seul interlocuteur des Français. Dans cette phase finale, où prend fin le tête-à-tête avec l'État colonial, la direction du FLN va imploser. L'image d'unité, forgée dans la guerre, ne résiste plus lorsque s'approche la possibilité de prendre le pouvoir.

A la fin de 1960, le GPRA accuse l'EMG d'abandonner les wilayas de l'intérieur, et demande l'entrée de l'État-Major en Algérie avant le 31 mars 1961. La crise est ouverte. L'EMG refuse d'obtempérer, remet sa démission le 15 juillet 1961, installe lui-même une direction intérimaire. Lors de la réunion du Conseil national de la révolution algérienne à Tripoli, du 6 au 27 août 1961, le remplacement de Ferhat

Abbas par Benyoucef Benkhedda accentue la crise. L'EMG quitte le CNRA. Benkhedda échoue dans sa tentative de réorganiser l'armée en fractionnant le commandement en deux (Maroc-Tunisie). Dans l'épreuve de force, « l'armée des frontières » montre son unité derrière son chef, le colonel Houari Boumediene. Elle reçoit le soutien de trois des « chefs historiques », emprisonnés à Aulnoy : Ahmed Ben Bella, Mohammed Khider, Rabah Bitat. Qui va diriger le pouvoir national futur, dont la conquête semble très proche ? L'EMG soupçonne le GPRA, qui conduit les négociations avec la France, de vouloir l'évincer.

En dépit de ces divisions, la détermination de la majorité des Algériens à obtenir l'indépendance est grandissante. Et la répression continue, en cette fin d'année 1961, en particulier pour les Algériens vivant en France. A compter du 4 octobre, un couvre-feu leur est imposé à Paris à partir de vingt heures. Le 17, ils sont 30 000 à protester. La répression, dirigée par le préfet de police Maurice Papon, est sauvage : la police procède à près de 12 000 arrestations, près de 200 manifestants sont tués. Les blessés se comptent par milliers [Levine, 1986 ; Einaudi, 1991].

En Algérie profitant des moments de négociations qui s'engagent, l'ALN tente de reconstituer ses forces. Mais le barrage de la « ligne Morice », toujours étanche, exclut toute possibilité d'un Diên-Biên-Phu militaire. Les maquis de l'intérieur sont épuisés, mais l'armée française renonce aux grandes opérations. Les « commandos de chasse » connaissent le répit, tandis que le contingent se morfond. Le 2 octobre 1961, le général de Gaulle annonce « l'institution de l'État algérien souverain et indépendant par la voie de l'auto-détermination », et assouplit sa position sur le Sahara et les bases militaires françaises en Algérie [Lacouture, 1986]. La question saharienne avait profondément entravé les négociations. Dans le cours même de la guerre, le Sahara présentait un double intérêt pour la France : endroit des premières expérimentations nucléaires, et lieu de grands gisements d'hydrocarbures. Les nationalistes algériens refuseront donc sans cesse une possible partition des « territoires du Sud » envisagée par les autorités françaises.

VII / La guerre et la société française (1955-1962)

L'opinion française, entre méconnaissance et indifférence

Une opinion qui tonne, s'émeut, râle... Comparée à la guerre d'Indochine toute proche, la guerre d'Algérie semble être, à première vue, un moment d'intense prise de conscience, de déchirements. Turbulences d'une forte communauté pied-noir et de l'armée ; engagements contre la guerre d'intellectuels ou de syndicalistes ; exaltation de la « mission civilisatrice » de la France et apologie de l'Algérie française : dénonciations véhémentes du colonialisme et mobilisations pour « la paix en Algérie »... La guerre d'Algérie fut-elle une nouvelle affaire Dreyfus ? On serait tenté de le croire en voyant se déployer tant de fureur et de passions.

Un examen attentif de la réalité oblige à nuancer une telle appréciation. « Les événements d'Algérie », comme on disait alors, n'ont réellement provoqué l'opinion qu'en 1956, année des « pouvoirs spéciaux » et de l'envoi massif du contingent. Les campagnes menées contre l'usage de la torture ne commencent véritablement qu'en 1957, à la suite de la terrible bataille d'Alger (en particulier grâce au comité Maurice-Audin) soit trois ans après le début de la guerre. Les importantes mobilisations étudiantes pour la paix se déroulent à la fin de l'année 1960, c'est-à-dire un an et demi avant l'indépendance de l'Algérie. Et la première grande, imposante manifestation — plus de 500 000 personnes — qui dresse le peuple français contre une guerre qui dure depuis sept longues années aura lieu le 13 février 1962, à l'occasion de l'enterrement des victimes, tous militants communistes, du métro Charonne (voir plus loin, chapitre VIII). Un mois à peine avant la signature des accords d'Évian, qui mettent fin aux combats militaires. Ajoutons que deux cents à trois cents réfractaires ou insoumis dans l'armée, plus quelques milliers (seulement) de militants organisés dans des réseaux de solidarité aux Algériens, s'ils témoignent du courage d'une minorité, ne constituent pas vraiment une « résistance française » à la guerre d'Algérie [Hamon et Rotman, 1979].

A considérer, parmi d'autres sources, l'évolution des sondages d'opinion entre 1955 et 1962, on s'aperçoit surtout que la majorité des Français n'était pas aussi attachée qu'on l'a cru parfois au maintien de l'Algérie dans le cadre de la nation française. Sans doute parce que, comme l'observe l'historien Jean-Pierre Rioux, la France n'avait jamais fait de la colonisation « un projet collectif à la large surface sociale, idéologique et morale » [J.-P. Rioux, 1990]. D'où cet « acquiescement passif » à la décolonisation. Point de vue partagé par un autre historien, Charles-Robert Ageron : « L'élan colonial ne fut jamais le fait que d'une étroite minorité [...] ; la vocation coloniale fut toujours rare et la conscience impériale tardive. La France fut-elle coloniale ? »

Dès la fin de l'année 1955, le Front républicain l'emporte au terme d'une campagne électorale centrée sur « la paix en Algérie ». En février 1958, selon un sondage de l'IFOP, la guerre d'Algérie n'occupe que le sixième rang de la préoccupation des Français. En octobre 1960, dans un sondage d'opinion réalisé à Paris pour le journal *Afrique-Action*, 59 % des personnes interrogées pensent que « de Gaulle ne peut pas ramener la paix sans négocier avec le FLN », 24 % étant d'un avis contraire. Pressée d'en finir, l'opinion publique désigne le FLN comme interlocuteur algérien.

En mai 1962, le cinéaste Chris Marker tourne *Joli Mai*, documentaire qui rend perceptible le climat régnant en France à la veille de la déclaration d'indépendance algérienne. Aucune des personnes interrogées ne dit que l'événement essentiel de mai 1962 est la fin de la guerre d'Algérie. Et en septembre 1962, au moment où arrivent en masse pieds-noirs et harkis, il n'y a plus que 13 % de Français, dans un autre sondage d'opinion, à considérer que « la tragédie algérienne » constitue encore une vraie préoccupation.

Devant tant d'indifférence, on peut se poser une autre question : cette attitude ne s'expliquerait-elle pas par la méconnaissance ? Les Français savaient-ils ce qui se tramait dans les Aurès ou en Kabylie ? Oui, forcément, par la masse des soldats engagés dans ce conflit. Près de deux millions ! Et donc des milliers de familles touchées, des récits, des histoires ensuite racontés à la maison, à l'usine, dans le village, dans le quartier... Avec, également, des comités, des journaux, des livres qui, en dépit de la censure, parviennent à divulguer les « secrets » d'une guerre non reconnue. L'ouvrage d'Henri Alleg, *La Question*, qui soulève brutalement le problème de la torture, est ainsi vendu à plus de 60 000 exemplaires en 1958 avant d'être saisi (il continuera de circuler sous le manteau).

La France fait la guerre aux Algériens, durement, mais la société refuse de se vivre en état de guerre. La masse des Français se réfugient derrière la certitude morale que leur pays, fort d'avoir œuvré à sa propre libération en 1944, ne saurait être en position d'opprimer, de torturer. Regarder lucidement le déroulement de la guerre d'Algérie, c'est prendre le risque de revisiter la sombre période vichyssoise. Ce sera une bonne raison pour ne pas parler de l'une et de l'autre période. De cela, il ne faudrait pas conclure que la période de la guerre d'Algérie ne fut pas propice aux engagements de toutes sortes, et aussi le moment, fort important, d'une véritable « reconstruction » culturelle.

Modifications culturelles, engagements intellectuels

Les années 1956-1957 voient l'explosion du microsillon et l'entrée de Bach, Beethoven et Vivaldi dans la consommation de masse. Par le transistor, qui servira au contingent dans sont refus de suivre le putsch des généraux, arrivent les bruits du rock américain : Bill Haley, Elvis Presley, les Platters... Au cinéma, dans cette année 1957, Fellini tourne *Les Nuits de Cabiria* ; avec *Et Dieu créa la femme*, Brigitte Bardot triomphe en Amérique. Le film de Roger Vadim fait deux fois plus de recettes que le *Tour du monde en 80 jours*. Mais le véritable tournant sur les écrans, c'est l'année 1959. On voit, au festival de Cannes, un beau quarté : *Hiroshima mon amour, Les Cousins, Orfeu Negro*, et surtout *Les Quatre Cents Coups* de François Truffaut qui obtient la Palme d'or. La « nouvelle vague », expression de la journaliste Françoise Giroud pour une enquête dans *L'Express* sur les 18-30 ans, est lancée... Le vrai choc vient d'*A bout de souffle*, de Jean-Luc Godard en 1960 : à l'image de la tragédie

que vit la France, un « héros » marche vers son destin inéluctable... On sait que tout est joué dès les premières séquen-
ces, mais flotte un air de désinvolture. *A bout de souffle*
raconte l'histoire de ceux qui allaient rejoindre les Aurès, et
devient pour les jeunes du contingent un miroir... Dans ces
« années algériennes », d'autres images apparaissent, sur le
petit écran de télévision. Et dans *L'Express* du 14 décembre
1956, on peut lire : « A l'heure actuelle, déjà, avec les quatre cent mille postes officiellement déclarés, la RTF touche
plusieurs millions de Français, à qui elle tient lieu de distrac-
tion et aussi de journal d'informations. Entre les mains d'un
gouvernement décidé à l'utiliser sans vergogne à sa propagande, la télévision peut devenir une arme d'une puissance
insoupçonnée. »

En 1957, avec Alain Robbe-Grillet, auteur de *La Jalou-
sie* et directeur littéraire aux Éditions de Minuit, une nouvelle école littéraire, le « nouveau roman », apparaît. C'est
pourtant Roger Vaillant, avec *La Loi*, qui remporte le prix
Goncourt. Sur la scène intellectuelle, dominent les figures de
Jean-Paul Sartre et Albert Camus. Camus qui a « mal à
l'Algérie », réaffirme sa solidarité avec l'ensemble du peuple algérien dans les colonnes de *L'Express*, journal qu'il a
rejoint afin de soutenir Pierre Mendès France, seul homme
capable à ses yeux de résoudre la crise en évitant le pire.

A l'approche des élections de janvier 1956, Camus lance
un appel à un compromis raisonnable, afin que les Français
admettent l'échec de l'assimilation, et que les nationalistes
algériens renoncent de leur côté à l'intransigeance et à la ten-
tation du panarabisme. Appel réitéré le 22 janvier 1956 à
Alger. Mais il est trop tard ; les tenants d'une opinion libé-
rale ne peuvent déjà plus faire entendre leur voix. La pacification prend des allures de guerre. Camus n'approuve pas
la position radicale des Français d'Algérie, mais n'accepte
pas de devenir un jour étranger dans son propre pays. Il traverse une période de doute teintée d'amertume. L'écrivain
a décidé de se taire, une fois pour toutes. Il suffit pourtant
d'une phrase pour entraîner sa chute ; de simples mots, presque arrachés par un étudiant algérien l'interpellant lors d'une
conférence donnée à Stockholm après la remise du prix
Nobel de littérature en décembre 1957 : « Je croix à la justice, mais je défendrai ma mère avant la justice. » Souvent
déformé, ce qui n'était que l'aveu touchant d'un intellectuel
en proie à l'incertitude et au désarroi, provoque une levée

de boucliers à gauche. Camus le « traître » aurait définitivement rallié le camp de l'Algérie française. Camus retourne à sa solitude. Il meurt, dans un accident de la route, le 4 janvier 1960. Face à Camus se dresse Jean-Paul Sartre. Le 27 janvier 1956, le Comité d'action des intellectuels contre la poursuite de la guerre en Afrique du Nord tient meeting salle Wagram. Jean-Paul Sartre, qui fait partie du comité, y prend la parole : « La seule chose que nous puissions et devrions tenter, mais c'est aujourd'hui l'essentiel, c'est de lutter à ses côtés pour délivrer à la fois les Algériens et les Français de la tyrannie coloniale. » En 1958, il écrit un article sur l'ouvrage d'Henri Alleg, *La Question*, où il entend montrer que la torture n'est pas un épiphénomène, mais une méthode nécessaire au type de guerre que la France mène et qu'il faut « mettre un terme à ces immondes et mornes avancées ». Torture et terrorisme, démocratie, droits des peuples et droits de l'homme... L'heure n'est pas au consensus, mais à l'engagement.

Avec les ouvrages de Frantz Fanon, interdits, s'affirme l'idéologie « tiers-mondiste » : découvrir de nouveaux damnés de la terre, autres qu'une classe ouvrière française toujours contrôlée par le PCF, c'est retrouver une force historique incarnant la révolution. La révolution cubaine de 1959 renforce cette conviction. Mais ce basculement dans l'engagement extrême, la clandestinité ou la marginalité ne se trouvent pas uniquement à gauche. Le refus de l'abandon de l'Algérie française pousse de nombreux intellectuels, d'origine pied-noir ou métropolitaine, dans les rangs de la dissidence contre l'État, avec l'OAS. Quelques jours après de *Manifeste des 121* d'octobre 1960, un contre-manifeste, réunissant trois cents signatures de personnalités politiques de droite, est publié. Parmi les signataires, on relève les noms de Roland Dorgelès, André François-Poncet, Henri de Monfreid, Roger Nimier, Pierre Nord, Jules Romains, Michel de Saint-Pierre, Jacques Laurent... Ils condamnent à la fois les activités subversives des Algériens et la pratique de la torture. Le « procès des barricades », qui s'ouvre le 3 novembre 1960, est l'occasion, pour les partisans de l'Algérie française, d'exposer publiquement leurs thèses. Les idéologies anti-tiersmondistes, pour « la défense de l'Occident », contre le « fanatisme musulman » prennent corps... A la faveur de la guerre d'Algérie, une génération entre en politique, prend position dans un camp ou dans l'autre, essentiellement dans le monde étudiant. L'historien Jean-François Sirinelli pose pourtant cette question à propos de cette « guerre de l'écrit » menée par l'intelligentsia française : « Est-ce que le choc des photos de *Paris-Match*, avec son lectorat de huit millions de Français, ne pesa pas davantage que le poids des mots des intellectuels ? Et, à partir de janvier 1959, quel fut l'impact des reportages télévisés de *Cinq Colonnes à la une*, dont certains sont restés bien plus profondément ancrés dans la mémoire collective que telle ou telle pétition d'intellectuels ? ''Guerre de l'écrit'', donc, mais aussi période charnière durant laquelle l'image et le son continuaient leur montée en puissance dans la société française. » [J.-F. Sirinelli, 1992.]

Bouleversements sociologiques

Dans ce court moment d'avant et d'après-guerre d'Algérie, mélange de crises, de larmes et de violence, la France s'engage sur la voie du plus extraordinaire développement qu'elle ait jamais connu. Les Français, qui n'avaient pas le temps de s'ennuyer entre un changement de régime et des menaces de guerre civile, ne voient pas le bouleversement. Et pourtant... Le visage de ce pays se modifie davantage en quinze ans (1950-1965) qu'il ne s'est modifié au cours d'un siècle.

Le parc des véhicules automobiles passera, de 1950 à 1960, de 2 150 000 à 7 885 400. Le nombre des usagers des transports aériens est multiplié par cinq. C'est le temps de la *Caravelle*... Le Trans-Europ-Express est mis en service au début de 1957. De 1950 à 1960, la longueur des lignes électrifiées est multipliée par deux. En 1950, on ne compte que 92 kilomètres d'autoroutes ; en décembre 1955, le ministère des Travaux publics met à son programme la construction de 2 000 kilomètres d'autoroutes, qui sera réalisée en dix ans. Grâce aux grands barrages électriques, les coupures de courant ne sont plus qu'un mauvais souvenir pour les Français. Et c'est en 1957 que EDF met en chantier sa première centrale nucléaire, à Avoine, près de Chinon. L'usine de traitement du gaz de Lacq entre en fonction en mai 1957 ; grâce à cette production, on ne compte plus en 1960 que 182 centrales thermiques au charbon sur les 546 existant en 1945. On peut ainsi multiplier les exemples qui constituent autant de signes d'une entrée massive en modernité. La construction de l'Europe avance, et prend un tournant décisif avec la signature du traité de Rome. Le 9 juillet 1957, l'Assemblée nationale autorise, par 512 voix contre 239, la ratification du traité du Marché commun.

Dans ces années décisives, la France s'arrache définitivement à sa ruralité. Mais elle est mal préparée à cet immense bouleversement. La mentalité paysanne va se retrouver radicalement transformée. Les générations vont s'opposer sur les méthodes de production, mais aussi sur les valeurs mêmes de cette société. La masse des fils de paysans, qui font la guerre d'Algérie, en reviennent changés...

La guerre livrée sur une terre lointaine réveille et conforte le sentiment d'appartenance à sa « petite patrie », son village, sa région... Pour les jeunes paysans, la guerre d'Algérie symbolise aussi la fin de la concurrence économique des colonies. Le repli sur l'hexagone favorise la montée des régionalismes qui se manifesteront dans les années soixante-dix en Bretagne, au Pays basque et en Corse. Désormais, on ne parlera plus de paysan, mais d'agriculteur. Ce dernier devra penser en termes de productivité, d'investissement, d'amortissement et non plus simplement en termes d'épargne. Il va s'affronter à un mode de production, de vente radicalement différent. Cette transformation structurelle, qui s'impose, va « tuer » les plus faibles. L'exploitation traditionnelle est appelée à évoluer ou à mourir. « L'affaire Dominici », qui passionne alors la France, est aussi un symbole de cette mise à mort du monde rural (reconnu coupable du triple crime de Lurs, Gaston Dominici est condamné à mort le 28 septembre 1954).

Enfin, en toile de fond de ces mutations, le paysage urbain se modifie profondément. La fin des « années algériennes », c'est la construction des grands ensembles, l'accroissement des banlieues, et un nouveau moyen de vivre (mal ?). Le premier hypermarché est inauguré à Sainte-Geneviève-des-Bois (Carrefour, 1963), tandis que se développent les banlieues avec Sarcelles (1961) pour emblème. Réfrigérateurs et postes de télévision se multiplient (800 000 récepteurs en 1958, 3 millions en 1962) dans les foyers.

Dans ce tourbillon, comment pouvaient-ils se faire entendre, ceux qui « crapahutèrent » dans les djebels, ou se cramponnaient au souvenir d'une terre perdue ? Dans l'euphorie du « progrès », chacun cède à la pression de l'immédiat, happé par l'avalanche des nouveautés et de la consommation.

Que les Aurès étaient loin...

Dix ans seulement après la fin de l'Occupation, la détermination des espaces politiques se fait plus sous l'effet de marquages sociologiques que sous celui de marquages idéologiques : bouleversement du paysage agricole et fin du monde paysan, explosion urbaine à la périphérie des villes, irruption massive de la télévision dans les foyers, mise en chantier de la révolution du nucléaire... Cette modernité naissante recouvre les enjeux nés des « années algériennes ».

L'attachement au confort tout neuf dont jouit désormais ce vieux pays, le souvenir de deux gigantesques saignées (dans les deux guerres mondiales) dont les traces sont visibles sinon dans le paysage français, du moins sur chaque place de village : tout se conjugue pour aboutir à l'approche toute nouvelle des problèmes d'une guerre (livrée hors de l'hexagone). La société sait, mais se contente de partager le secret d'une guerre non déclarée. Le rapport à la mort, exclusivement privé, est exclu de la vie publique : ni oraisons funèbres, ni pierres tombales spécifiques, ni inscriptions particulières sur les monuments des villes et villages ne célèbreront les mérites de ceux qui ont été tués « là-bas ». La tendance à exclure, à occulter la mort, a pour conséquence le renoncement à assumer cette guerre. L'heure de la société de consommation et du spectacle a sonné.

Cette guerre sert en même temps de révélateur. Ce qui est en train de naître, sous le masque épais de l'indifférence, c'est l'hostilité à l'égard de l'homme vivant, ou venant du Sud. Cet « autre », mystérieux, qui résiste et veut obtenir une nationalité qui lui appartienne en propre. Un homme dont on ne se préoccupe pas de découvrir la vie, les espérances, l'histoire. Que les Aurès, et leurs habitants, paraissent si loin et bien étranges aux Français... Avec la guerre d'Algérie, le racisme colonial commence sa traversée de la Méditerranée.

VIII / La terrible fin de guerre (1962)

La guerre franco-française

A la fin de l'année 1961, le régime de la Vᵉ République semble se heurter à des obstacles de plus en plus graves dans l'application de sa nouvelle politique. Les négociations avec le FLN butent sur la question saharienne et doivent être momentanément suspendues. Le 8 novembre 1961, à l'Assemblée nationale, au cours du débat sur le budget de l'Algérie, plusieurs députés du centre et de la droite défendent la thèse de la représentativité de l'OAS et de la nécessité, pour le gouvernement, de tenir compte de sa présence. Le lendemain, lors de l'examen des crédits militaires, un amendement dit « amendement Salan » obtient 80 suffrages. Dans certains milieux de la police, de l'armée et de l'administration, il est notoire que l'organisation bénéficie de nombreuses et parfois importantes complicités. Pour le commissaire Jacques Delarue, qui participe à la lutte contre l'OAS, « nous savions même qu'il y avait une taupe à l'Élysée ».

Mais, en Algérie même, l'OAS doit faire face à la répression menée par les forces de l'ordre. Hésitante au départ, puis de plus en plus ferme. Et surtout à l'action des réseaux de police parallèle (les fameuses « barbouzes », dont les premiers éléments arrivent à Alger dès le mois d'octobre 1961) et celle des réseaux FLN : agissant souvent en collaboration, ils procèdent à de nombreux attentats individuels, répondant à la terreur par la terreur, recourant surtout à l'enlèvement. Le climat de violence s'exaspère, mais au jeu du terrorisme et du contre-terrorisme, l'OAS voit fondre ses très faibles effectifs combattants, et se radicaliser son action.

Avec retard sur Alger, mais avec les mêmes moyens, l'OAS d'Oran se lance aussi dans le terrorisme, les coups de main spectaculaires (hold-up sur des banques ou sur des entreprises pour se procurer des fonds), expéditions sanglantes contre des Algériens musulmans. Ainsi, le 13 janvier 1962, six hommes de l'OAS, déguisés en gendarmes, se présentent à la prison d'Oran où ils se font remettre trois militants du FLN condamnés à mort. Ils les exécutent quelques instants après. Le lendemain, quatre autres prisonniers du FLN s'évadent. L'OAS leur donne la chasse, les retrouve, les exécute. L'organisation activiste développe ses émissions de radio-pirate, publie un faux numéro de *L'Écho d'Oran*, le 6 février, tiré à 20 000 exemplaires, condamnant la « politique d'abandon de De Gaulle ». L'état-major de l'OAS ne peut plus compter sur un fléchissement du gouvernement. Il n'est plus question de songer au renouvellement d'une opération de « type 13 mai ». Un seul recours lui reste : l'insurrection armée qui empêchera, peut-être, par le maintien d'une situation révolutionnaire, l'aboutissement des négociations en cours avec le FLN.

En France, la recrudescence des attentats au plastic dans le courant des mois de janvier et en février 1962 illustre cette montée de la violence : 40 attentats entre le 15 et le 21 janvier (dont 25 dans la région parisienne et 18 dans la seule nuit du 17 au 18), 33 entre le 22 et le 28 janvier (dont 23 dans la région parisienne), 34 entre le 5 et le 11 février (dont 27 dans la région parisienne). Et en Algérie, 801 attentats OAS, FLN et anti-OAS sont enregistrés entre le 1er et le 31 janvier 1962, faisant 555 morts et 990 blessés, 507 attentats sont par ailleurs enregistrés dans la seule première quinzaine de février, faisant 256 morts et 490 blessés [R. Kaufer, 1986].

Le 5 février 1962, le général de Gaulle, dans une nouvelle allocution faisant allusion à ces « incidents », déclare qu'ils ne revêtent, « si odieux qu'ils puissent être », qu'une importance « relative ». Néanmoins, il dit clairement qu'« il faut réduire et châtier » les agitateurs de l'OAS. La métropole se montre de plus en plus hostile à l'OAS : ces Européens insurgés veulent-ils d'une Algérie française, ou d'une Algérie pied-noir, sur le modèle sud-africain ?

L'attentat dans l'immeuble d'André Malraux qui coûte la vue à une petite fille de quatre ans, Delphine Renard, succédant à un attentat contre Jean-Paul Sartre, soulève l'indignation d'une opinion française excédée. La gauche dénonce « le danger fasciste » et appelle, le 8 février, à une manifestation de « défense républicaine ».

A l'appel des syndicats (CGT, CFTC, FEN, UNEF) et des partis (PCF, PSU [Parti socialiste unifié], Jeunesses socialistes), cinq cortèges se forment en direction de la place de la Bastille. Ils se heurtent à un imposant dispositif policier. Dans la matinée, le ministère de l'Intérieur a rappelé que toutes les manifestations étaient interdites sur la voie publique. Comme au moment de la manifestation algérienne du 17 octobre 1961, Maurice Papon est le préfet de police de Paris qui coordonnera l'action des forces de l'ordre. La station de métro Charonne va entrer, ce soir-là, dans les lieux de la mémoire collective de la gauche (comme jadis le mur des Fédérés). Prise de panique, la foule s'engouffre dans la bouche de ce métro, dont une grille à demi fermée retient les corps de ceux qui trébuchent. Sur cet amas humain, qui obstrue complètement l'entrée, des témoins voient un groupe de gardiens casqués « entrer en action ». Ces policiers tapent dans le tas à coups de « bidule » (de longues matraques en bois), projettent une table de café, des sections de fonte arrachées aux grilles de protection des arbres... Au milieu des cris, des gémissements, des couches de blessés enchevêtrés, on retire huit cadavres. Le mardi 13 février, les funérailles des huit victimes de Charonne sont suivies par une foule impressionnante estimée à 500 000 personnes. Une grève générale, ce jour-là, arrête les trains, ferme les écoles et laisse les journaux muets [H. Alleg, 1981].

Quand s'ouvre la nouvelle conférence d'Évian, le 7 mars 1962, les commandos de l'OAS renchérissent d'audace et de violence sur le sol algérien : attaques au bazooka de casernes de gendarmes mobiles, voitures piégées qui font des ravages dans les quartiers musulmans. L'horreur s'enchaîne à l'horreur. Alger et surtout Oran vivent avec la mort, comme jadis avec la « peste » bubonique dans le roman d'Albert Camus. Le 15 mars 1962 à Alger, un groupe de l'OAS assassine six dirigeants des centres sociaux éducatifs, dont Mouloud Feraoun, écrivain et ami de Camus. Il avait noté dans son *Journal*, à la date du 28 février : « Depuis deux jours, je suis enfermé chez moi pour échapper aux ratonnades... »

Les accords d'Évian et la « terre brûlée »

Le 19 mars 1962, le cessez-le-feu est proclamé en Algérie. C'est la « paix », enfin ! La nouvelle court sur les câbles de téléphone, les ondes des radios. Krim Belkacem a apposé sa signature compliquée auprès de celles de Louis Joxe, Robert Buron et Jean de Broglie, négociateurs désignés par le général de Gaulle. Quatre semaines plus tôt, dans un Conseil des ministres, quand Louis Joxe avait rendu compte de la conclusion des négociations secrètes avec le GPRA, le Premier ministre Michel Debré déclara : « Nous touchons à la fin d'une épreuve douloureuse. Malraux a parlé de victoire, mais il s'agit plutôt d'une victoire sur nous-mêmes. Maintenant, tout dépendra de ce que sera la France. » [Stora, 1991.]

A Évian, les négociateurs du GPRA ont fait quelques concessions concernant les droits des Européens (double nationalité pendant trois ans, puis option pour la nationalité algérienne, ou un statut de résident étranger privilégié), le régime du Sahara (droit de préférence dans la distribution des permis de recherche et d'exploitation par les sociétés françaises pendant six ans, paiement des hydrocarbures algériens en francs français) et les bases militaires (Mers el-Kébir reste à la France pour une période de quinze ans et les installations du Sahara pendant cinq ans). En contrepartie, la France se déclare disposée à apporter son aide économique et financière à l'Algérie indépendante, notamment en continuant la réalisation du plan de Constantine lancé en 1958, et à développer la coopération culturelle. Le général de Gaulle avait choisi Constantine, ville essentiellement musulmane, pour faire connaître, le 3 octobre 1958, les grandes lignes d'un nouveau programme économique et social établi sur cinq ans. Il avait alors énuméré les dispositions arrêtées : attribution de 25 000 hectares de terres nouvelles à des cultivateurs musulmans ; établissement de grands ensembles métallurgiques et chimiques ; construction de logements pour un million de personnes ; emploi régulier de 400 000 nouveaux travailleurs ; scolarisation des deux tiers des enfants, puis dans les trois années suivantes, scolarisation totale de toute la jeunesse algérienne ; traitements et salaires à égalité avec ceux de la métropole.

Des 93 pages des accords d'Évian, de ses 111 articles complétés par d'innombrables chapitres, titres et annexes, la métropole retient surtout deux passages : « Un cessez-le-feu est conclu. Il sera mis fin aux opérations militaires et à la lutte armée sur l'ensemble du territoire algérien le 19 mars, à 12 heures. » La guerre est ainsi reconnue... au moment où l'on signe sa fin. Et encore : « Les citoyens français d'Algérie auront une juste et authentique participation aux affaires publiques. [...] Leurs droits de propriété seront respectés. Aucune mesure de dépossession ne sera prise à leur encontre sans l'octroi d'une indemnité équitable préalablement fixée. » Mais la signature des accords d'Évian ne marque pas la fin de la guerre d'Algérie [C. R. Ageron, 1991 ; G. Pervillé, 1991].

Au lendemain des négociations avec le GPRA et le gouvernement français, les responsables de l'OAS proclament, dans un tract du 21 mars 1962, que les forces françaises sont considérées « comme des troupes d'occupation » en Algérie. Les activistes partisans de l'Algérie française prennent le contrôle de Bab-el-Oued. Ils transforment le quartier en un énorme fort Chabrol, attaquent des camions militaires. La « bataille de Bab-el-Oued » fait 35 morts et 150 blessés.

Le 26 mars au matin, le commandement de l'OAS proclame la grève générale dans le Grand Alger. Il appelle les Européens à se rassembler, en principe sans armes, sur le plateau de Glières, et au square Laferrière. Objectif : gagner ensuite Bab-el-Oued, pour briser l'encerclement du quartier. Le lieutenant Ouchène Daoud dirige le barrage de la rue d'Isly, interdisant l'accès du centre d'Alger vers Bab-el-Oued. Les consignes venues de Paris sont nettes : ne pas céder à l'émeute. Lorsque Ouchène Daoud et ses supérieurs demandent dans quelles conditions ils pourraient, le cas échéant, faire usage de leurs armes, au siège de la Xe région militaire on leur répond : « Si les manifestants insistent, ouvrez le feu. » A 14 h 45, une rafale de fusil-mitrailleur claque en direction de la troupe, du balcon du 64 de la rue d'Isly. Le PC du régiment donne l'ordre de la riposte. La mitrailleuse, au coin du boulevard Pasteur et de la rue d'Isly, balaye les manifestants. On relèvera 46 morts et 200 blessés, dont une vingtaine n'ont pas survécu, presque tous du côté des civils algérois. Après la fusillade de la rue d'Isly, le reflux commence pour l'OAS. En avril 1962, les Européens d'Algérie commencent à partir en masse de leur terre natale, en direction de la métropole [Lacouture, 1985].

Pendant qu'Alger connaît ces heures sanglantes, Oran est

frappé de stupeur : le général Edmond Jouhaud et son adjoint Camelin sont arrêtés.

Le 28 mars, Abderrahmane Farès, président de l'« exécutif provisoire » algérien, mis en place après Évian, s'installe avec son équipe de la « cité administrative de Rocher-Noir ». Le 8 avril, un vote massif au référendum, organisé par l'Élysée (90,70 % des suffrages exprimés, 24,4 % des électeurs n'ont pas participé au vote), donne au président de la République la capacité juridique « d'établir des accords et de prendre des mesures au sujet de l'Algérie, sur la base des déclarations gouvernementales du 19 mars 1962 ». Loin d'apaiser, les résultats de ce référendum poussent le commandement de l'OAS dans une folle escalade, la « politique de la terre brûlée ».

Le 24 avril au matin, à Oran, l'OAS s'attaque à une clinique, celle du Dr Jean-Marie Larribère, militant communiste très connu dans la ville. Deux femmes, dont l'une venait d'accoucher, échappent à la destruction complète de l'immeuble. Les plasticages, les mitraillages prennent une cadence infernale. Des gendarmes mobiles sont agressés, des blindés ripostent au canon de 20 et 37 mm. Les coups partent au hasard, contre des immeubles habités par des Européens. Des avions se mettent de la partie, avec leurs mitrailleuses lourdes. Le 23 avril 1962, le Conseil de l'ordre des avocats d'Oran publie un communiqué dénonçant « ... ces attaques contre une population civile qui seraient, en temps de guerre, contraires à la convention de La Haye [...] en temps de paix, et entre Français, elles dépassent l'imagination » [Paillat, 1972].

En dépit des consignes de l'OAS qui interdit le départ des Européens (avec surveillance des agences de voyages), l'exode commence vers la métropole. Le 15 avril, *Le Chanzy* débarque un premier contingent de « rapatriés », venant d'Oran. Les attentats de l'Organisation ne cessent pas. On pourrait même dire que le terrorisme croît en violence : assassinats individuels de musulmans, chasses à l'homme, explosions au plastic, tirs de mortiers.

A la fin du mois d'avril, une voiture piégée explose dans un marché, très fréquenté par les Algériens, en ce moment de Ramadan. C'est une première du genre (le 2 mai, le même procédé, une voiture piégée qui explose dans le port d'Alger, fait 62 morts et 110 blessés, tous musulmans).

En mai, à Oran, quotidiennement, 10 à 50 Algériens sont

abattus par l'OAS. La férocité est telle que ceux qui habitent encore des quartiers européens les quittent en hâte. Chacun se barricade, se protège comme il peut. Certains musulmans quittent Oran pour rejoindre leurs familles dans les villages, ou les villes n'ayant pas une forte population européenne. D'autres s'organisent en une sorte d'autonomie dans l'enclave musulmane. Des commissaires politiques du FLN font surface, une vie s'organise (approvisionnement, ramassage des ordures...). Mais dans ce cycle infernal qui continue, avec les rafales d'armes automatiques résonnant çà et là, jour et nuit, que va-t-il advenir de la population européenne ? Surtout quand les troupes de l'ALN pénétreront dans la ville après la proclamation de l'indépendance ? Les dirigeants du FLN ont de plus en plus de mal à retenir une population musulmane exaspérée, et qui veut riposter.

Les responsables de l'OAS encore en liberté savent pourtant que la partie est perdue. L'armée française n'a pas basculé en leur faveur, le moral est au plus bas après les arrestations de Salan, Jouhaud, Degueldre, et l'échec d'un maquis de l'OAS dans l'Ouarsenis. Aucun espoir, non plus à attendre de l'étranger. Et puis, il y a cet exode, cette hémorragie qui se poursuit. Chaque jour, à partir de fin mai, ceux que l'on appellera plus tard les « pieds-noirs » sont 8 000 à 10 000 à quitter l'Algérie, emportant hâtivement avec eux ce qu'ils ont de plus précieux.

Le 7 juin 1962 est un des points culminants de « la politique de la terre brûlée ». Les « commandos Delta » de l'OAS incendient la bibliothèque d'Alger, et livrent aux flammes ses 60 000 volumes. A Oran, ce sont la mairie, la bibliothèque municipale et quatre écoles qui sont détruites à l'explosif. Plus que jamais, la ville où règne une anarchie totale est coupée en deux : plus un Algérien ne circule dans la ville européenne. La décision de Paris d'ouvrir la frontière aux combattants de l'ALN, stationnés au Maroc, provoque une panique supplémentaire chez les Européens. Dans un fantastique désordre, l'Algérie se vide de ses cadres, de ses techniciens. Inquiet de la paralysie générale qui menace le pays. A. Farès, par l'intermédiaire de Jacques Chevallier, ancien député-maire d'Alger, décide de négocier avec l'OAS.

L'accord, signé le 18 juin à Alger par Jean-Jacques Susini, au nom de l'OAS avec le FLN, est rejeté à Oran. Les 25 et 26 juin, dans la ville recouverte par la fumée des incendies, les commandos de l'OAS attaquent et dévalisent six banques. En fait, il s'agit de préparer sa fuite, après l'annonce du colonel Dufour, ancien chef de 1er REP et responsable de l'Organisation pour l'Oranie, de déposer les armes. Sur des chalutiers, lourdement chargés d'armes (et... d'argent), les derniers commandos de l'OAS prennent le chemin de l'exil. Pendant ce temps, le départ des Européens d'Oran a pris l'ampleur d'une marée humaine. Des milliers de personnes, désemparées, hébétées, attendent le bateau dans le plus grand dénuement. Il faut fuir au plus vite ce pays, auquel ils resteront attachés de toutes leurs fibres, transformé en enfer.

L'abandon des harkis

Dans l'urgence de juin 1962, l'embarquement des pieds-noirs prend des allures de sauve-qui-peut. Mais les grands oubliés, les grands absents de cet exode précipité sont les musulmans profrançais, ceux que l'on désignera sous le vocable général de « harkis ». La première *harka* (mot arabe signifiant « mouvement ») fut constituée dans les Aurès en novembre 1954.

Dès avant le 19 mars 1962, des officiers des SAS s'étaient préoccupés de transférer en métropole ceux qui étaient menacés. Mais un télégramme (n° 125/IGAA) du 16 mai 1962 les rappela à l'ordre : « Le ministre d'État — Louis Joxe — demande au haut commissaire de rappeler que toutes initiatives individuelles tendant à l'installation en métropole des Français musulmans sont strictement interdites. » Une autre directive du même ministre d'État, datant du 15 juillet 1962, énonça que « les supplétifs débarqués en métropole en dehors du plan général seront renvoyés en Algérie ». Ces officiers diront : « Nous avons perdu notre honneur avec la fin de cette guerre d'Algérie. » [Le Mire, 1982.]

Combien sont-ils ces « supplétifs » de l'armée française ? Le 13 mars 1962, un rapport transmis à l'ONU évalue le nombre de musulmans profrançais à 263 000 hommes : 20 000 militaires de carrière ; 40 000 militaires du contingent ; 58 000 harkis, unités supplétives formées à partir de groupes civils d'autodéfense, parfois promus « commandos de chasse » ; ces unités, prévues à raison d'une par secteur militaire, sont constituées en Kabylie, dans les Aurès et l'Ouarsenis ; 20 000 *moghaznis*, éléments de police constitués à l'échelon des localités, et placés sous les ordres des chefs des sections administratives spéciales (SAS) ; 15 000 membres des GMPR (groupes mobiles de protection rurale), dénommés plus tard groupes mobiles de sécurité, assimilés aux CRS ; 60 000 membres de groupes civils d'autodéfense ; 50 000 élus, anciens combattants, fonctionnaires.

L'aire géographique de recrutement, d'enrôlement, de participation aux activités et opérations de l'armée française des unités supplétives musulmanes ne correspond pas à un seul département français d'Algérie, mais déborde sur toutes les régions, constituant un espace composite. Ces Algériens ont-ils été « manipulés » par les officiers français ? Se sont-ils spontanément mobilisés pour la défense de la civilisation française en Algérie ? Cet engagement n'est-il qu'un aspect des « guerres » que se livrent des familles entre elles, à l'intérieur d'un même village (un parent au maquis, l'autre dans les harkas...) ? Sans doute un peu tout cela à la fois [M. Roux, 1991].

En fait, l'histoire des harkis est inséparable du destin subi par la paysannerie algérienne pendant la guerre d'Algérie. On connaît, par les travaux d'Abdelmalek Sayad et Pierre Bourdieu [1963], les profonds bouleversements qui ont marqué la société rurale traditionnelle au cours de ces années de guerre : déplacements massifs de populations (plus de deux millions de ruraux), appauvrissement, désaffection marquée à l'égard de la condition paysanne, passage de l'économie de troc à l'économie de marché, dépérissement de l'esprit paysan, valorisation d'emplois non agricoles. La fragilisation psychologique née de la misère sociale et du déracinement rend d'autant plus vif le souci de préserver son patrimoine, sa terre. Cette dimension explique, en grande partie, l'enrôlement dans les harkas, ou la montée dans les maquis de l'ALN : il faudra protéger, ou retrouver sa terre. Ce qui se joue là, ce n'est pas, à première vue, l'adhésion positive à un drapeau (français ou algérien). La violence, les assassinats, les « règlements de comptes » (quelquefois à l'intérieur même de certaines familles paysannes), bref, la dynamique de la guerre, durciront ensuite les comportements, les engagements. Commence alors l'engrenage. Les nationalistes algériens auront besoin de dénoncer l'existence de « collaborateurs » pour légitimer leur conception de la nation unanime ; des officiers français auront besoin des harkis pour montrer le loyalisme des populations indigènes, désormais

« pacifiées »... Dans un cas comme dans l'autre, des paysans algériens se trouvent transformés, à leur corps défendant, en « fidèles serviteurs de la France », ou en « traîtres absolus » à la patrie algérienne. Plusieurs dizaines de milliers d'entre eux seront massacrés après l'indépendance en Algérie, d'autres rencontreront les plus grandes difficultés pour s'intégrer à la société française, vivant en situation d'exclus.

La victoire algérienne, et les divisions

Les accords d'Évian marquent une nouvelle étape de l'histoire algérienne. L'indépendance est acquise, la victoire toute proche. Pourtant, la période qui suit le cessez-le-feu du 19 mars 1962 montre, paradoxalement, la faiblesse de l'ALN-FLN à l'intérieur du pays. Les responsables du FLN sur place ne parviennent pas à contrôler les tractations financières, une masse considérable de terres et d'immeubles changeant de mains dans l'exode massif de la minorité européenne. En quelques semaines, l'effectif des artisans et des petits commerçants algériens passe, brusquement, de 130 000 à 180 000. Quelques initiatives, ici et là, tentent de freiner le processus spéculatif, en particulier, par la création de « comités de gestion » sur les terres laissées vacantes par les colons. Mais surtout, les wilayas de l'intérieur, dont les effectifs ne dépassaient pas quelques milliers de « djounouds » avant les accords d'Évian, se « gonflent » alors en un temps record.

La crise du FLN éclate au grand jour au congrès de Tripoli qui se tient du 25 mai au 7 juin 1962. Un programme y est pourtant adopté à l'unanimité, presque sans discussion, par le « Parlement » du mouvement nationaliste victorieux (le CNRA) [Harbi, 1980].

Les thèses principales du programme s'inscrivent dans la perspective de l'idéologie populiste déjà exprimée au congrès de la Soummam en août 1956 : « L'effort créateur du peuple s'est largement manifesté à travers les organes et instruments qu'il s'est forgés sous la direction du FLN pour la conduite générale de la guerre de libération et l'édification future de l'Algérie. Unité du peuple, résurrection nationale, perspective d'une transformation radicale de la société, tels sont les principaux résultats qui ont été obtenus grâce à sept années et demie de lutte armée. »

Sur le plan politique, la primauté du FLN est réaffirmée contre... le GPRA « qui s'est confondu dès sa naissance avec la direction du FLN, et a contribué à affaiblir du même coup les deux notions d'État et de parti. L'amalgame des institutions étatiques et des instances du FLN a réduit ce dernier à ne plus être qu'un appareil administratif de gestion ». L'attaque est à peine voilée contre le GPRA, qui a négocié les accords d'Évian : « Les accords d'Évian constituent une plate-forme néo-colonialiste que la France s'apprête à utiliser pour asseoir et aménager sa nouvelle forme de domination... »

Une tendance réunie autour de Ben Bella et surtout autour de l'état-major général de l'ALN, dirigé par Houari Boumediene, s'oppose ainsi aux dirigeants du GRPA : elle propose de transformer le FLN en un parti, et de créer un bureau politique. Benkhedda et ses amis, pour leur part, veulent conserver le GPRA jusqu'à l'installation à Alger. Dans la nuit du 5 au 7 juin 1962, Benkhedda quitte le CNRA sans prévenir. Les autres participants se séparent dans la confusion. Le 30 juin, à la veille du référendum, le GPRA se réunit à Tunis, en l'absence de Ben Bella parti précipitamment à l'étranger. Le GPRA décide alors de dissoudre l'état-major général, de destituer officiellement le colonel Boumediene et ses deux adjoints, Ali Mendjli et Kaïd Ahmed. Il ordonne aux wilayas « de ne tolérer aucun empiètement de son autorité par des éléments inconscients dont les activités ne peuvent déboucher que sur des luttes fratricides ».

Chaque clan compte les forces armées, les troupes militantes sur lesquelles il peut s'appuyer. A la guerre contre le pouvoir colonial, succèdera la guerre entre fractions du FLN. Bien à l'abri dans son fief de Ghardimaou, à la frontière de la Tunisie et de l'Algérie, l'état-major qualifie « d'illégale » et de « nulle et non avenue » la décision du GPRA. Le 28 juin 1962, le colonel Houari Boumediene ordonne à ses hommes — 21 000 en Tunisie, 15 000 au Maroc — « de se préparer à entrer en Algérie, en unités constituées dans la région désignée par l'état-major ». Les premiers hommes et leur équipement lourd pénétreront dans le pays dans les jours suivants. L'alliance entre Houari Boumediene et Ahmed Ben Bella parviendra à s'imposer dans la conquête du pouvoir.

Le premier écartera le second par un putsch militaire, le 19 juin 1965.

L'indépendance

« Voulez-vous que l'Algérie devienne un État indépendant coopérant avec la France dans les conditions définies par la déclaration du 19 mars 1962? » Le dimanche 1er juillet 1962 en Algérie, six millions d'électeurs répondent « oui » à cette question, à peine 16 534 disent « non ».

Les résultats, rendus publics le 3 juillet, donnent 91,23 % de « oui » par rapport aux inscrits et 99,72 % par rapport aux suffrages exprimés. Le général de Gaulle tire les leçons de ce résultat si prévisible. Lors d'une brève cérémonie, le 3 juillet, à la cité administrative de Rocher-Noir, près d'Alger, Christian Fouchet, haut commissaire de France, remet à Abderrahmane Farès, le président de « l'exécutif provisoire » constitué après les accords d'Évian, la lettre du général qui reconnaît l'indépendance de l'Algérie : « La France a pris acte des résultats du scrutin d'autodétermination du 1er juillet 1962 et de la mise en vigueur des déclarations du 19 mars 1962. Elle a reconnu l'indépendance de l'Algérie. En conséquence, et conformément au chapitre V de la déclaration générale du 19 mars 1962, les compétences afférentes à la souveraineté sur les territoires des anciens départements français d'Algérie sont, à compter de ce jour, transférées à l'exécutif provisoire de l'État algérien. En cette solennelle circonstance, je tiens à vous exprimer, monsieur le Président, les vœux profondément sincères qu'avec la France entière je forme pour l'Algérie. »

Pour la masse des Algériens, « sept ans, ça suffit ! » ; le slogan court à travers les villes et les campagnes. On réclame la fin du temps des épreuves. Les excès, les sanglantes épurations, les maquisards de la dernière heure, les bruits de divergences au sommet... troublent les esprits. Mais plus rien ne doit gâcher le retour de la paix et de la liberté. Après la guerre, après les souffrances et les humiliations, la victoire autorise la joie, donc l'oubli.

Oran, ultimes drames

Est-ce, avec la fin officielle de la guerre, l'arrêt, enfin, des flots de sang ?

Le 5 juillet 1962, c'est le drame à Oran. La foule des quartiers musulmans envahit la ville européenne, vers 11 heures du matin. Des premiers coups de feu éclatent. On ignore les causes de la fusillade. Pour les reporters de *Paris-Match*, présents sur place, « on parle, bien sûr, d'une provocation OAS, mais cela semble peu vraisemblable. Il n'y a plus de commandos, ou presque, parmi des Européens qui sont demeurés à Oran après le 1er juillet, que d'ailleurs, on considérait là comme une date au moins aussi fatidique que l'an 40 ». Dans les rues, soudain vides, commence une traque des Européens.

Sur le boulevard du Front de mer, on aperçoit plusieurs cadavres. Vers le boulevard de l'Industrie, des coups de feu sont tirés sur des conducteurs dont l'un, touché, s'affaisse au volant tandis que la voiture s'écrase contre un mur. Une Européenne qui sort sur son balcon du boulevard Joseph-Andrieu est abattue. Vers 15 heures, l'intensité de la fusillade augmente encore. A un croc de boucherie, près du cinéma « Rex », on peut voir, pendue, une des victimes de ce massacre. Les Français, affolés, se réfugient où ils peuvent, dans les locaux de *L'Écho d'Oran*, ou s'enfuient vers la base de Mers el-Kébir, tenue par l'armée française.

Pendant ce temps, le général Katz, commandant de la place militaire d'Oran, déjeune à la base aérienne de La Sebia. Averti des événements, il aurait, selon l'historien Claude Paillat, répondu à un officier : « Attendons 17 heures pour aviser. » Les troupes françaises restent l'arme au pied, le ministère des Armées leur ayant interdit de sortir de leur cantonnement. Précisément, à 17 heures, la fusillade se calme. Dans les jours qui suivent, le FLN reprend la situation en main, procède à l'arrestation et à l'exécution d'émeutiers.

Le bilan du 5 juillet est lourd. Selon les chiffres donnés par le Dr Mostefa Naït, directeur du centre hospitalier d'Oran, 95 personnes dont 20 Européens ont été tués (treize à coups de couteau). On compte, en outre, 161 blessés. Les Européens racontent des scènes de tortures, de pillages et surtout d'enlèvements. Le 8 mai 1963, le secrétaire d'État aux Affaires algériennes déclare à l'Assemblée nationale qu'il y avait 3 080 personnes signalées comme enlevées ou disparues dont 18 ont été retrouvées, 868 libérées et 257 tuées (pour l'ensemble de l'Algérie, mais surtout en Oranie).

Ici s'arrête la fin de la présence française, dans ce « joyau d'Empire » qu'était l'Algérie française. Le 12 juillet 1962, Ahmed Ben Bella pénètre dans Oran. Une autre bataille commence, celle pour le pouvoir en Algérie.

De l'autre côté de la Méditerranée, ceux que l'on appelle désormais les « pieds-noirs » ont comme préoccupation de chercher leur place dans la société française et de partir à la recherche de lieux de la mémoire perdue de l'Algérie française. La « protectrice » d'Oran, Notre-Dame de Santa-Cruz recevra l'hospitalité dans l'humble église de Courbessac, près de Nîmes.

Déclaration générale des accords d'Évian

Le peuple français a, par le référendum du 8 janvier 1961, reconnu aux Algériens le droit de choisir, par voie d'une consultation au suffrage direct et universel, leur destin politique par rapport à la République française.

Les pourparlers qui ont eu lieu à Évian du 7 au 18 mars 1962 entre le gouvernement de la République et le FLN ont abouti à la conclusion suivante :

Un cessez-le-feu est conclu. Il sera mis fin aux opérations militaires et à la lutte armée sur l'ensemble du territoire algérien le 19 mars.

Les garanties relatives à la mise en œuvre de l'autodétermination et l'organisation des pouvoirs en Algérie pendant la période transitoire ont été définies d'un commun accord.

La formation, à l'issue de l'autodétermination, d'un État indépendant et souverain paraissant conforme aux réalités algériennes et, dans ces conditions, la coopération de la France et de l'Algérie répondant aux intérêts des deux pays, le gouvernement français estime avec le FLN que la solution de l'indépendance de l'Algérie en coopération avec la France est celle qui correspond à cette situation. Le gouvernement et le FLN ont donc défini d'un commun accord cette solution dans des déclarations qui seront soumises à l'approbation des électeurs lors du scrutin d'autodétermination.

IX / Bilans d'une guerre

Pertes humaines et matérielles

Dans sa conférence de presse le 11 avril 1961, le général de Gaulle avait déclaré : « L'Algérie nous coûte, c'est le moins qu'on puisse dire, plus cher qu'elle ne nous rapporte... Voici que notre grande ambition nationale est devenue notre propre progrès, source réelle de la puissance et de l'influence. C'est un fait, la décolonisation est notre intérêt, et, par conséquent, notre politique. » On sait, en particulier par les travaux de l'historien Jacques Marseille [1989], qu'au moment où la guerre d'Algérie se déroulait, la question coloniale tendait à devenir pour certaines branches du capitalisme français « un fardeau ». Le développement de nouvelles formes de production, la pression de la concurrence internationale, la fin de l'univers paysan et l'ouverture de l'économie sur l'extérieur, toutes ces mutations conduisaient certains acteurs de la vie économique à vouloir rompre avec le gaspillage dans l'empire de capitaux considérables, sans aucun bénéfice. Mais il y avait opposition, entre le « politique » qui entendait maintenir la force d'un empire et « l'économique », plus soucieux de rentabilité et d'efficacité.

C'est pourquoi la guerre d'Algérie coûta encore plus cher à l'économie française, fonctionnant même comme un frein à une modernisation rapide de toute la société. Cette dimension-là ne peut pas entrer dans les « comptes » de la guerre. La dispersion budgétaire des crédits, l'indétermination des critères de calcul rendent bien aléatoire toute évaluation des coûts financiers. Dans son étude parue dans le journal *Le Monde* du 20 mars 1962, Gilbert Mathieu avance, pour la seule durée du conflit, des évaluations allant de 27 à 50 milliards de francs, soit 10 % à 18 % du produit intérieur brut de l'année 1961. Mais faut-il prendre en considération les seules dépenses militaires engagées entre 1954 et 1962 ? Les diverses contributions du Trésor français au budget algérien, le « plan de Constantine », qui a représenté un financement de l'ordre de 2,5 milliards de francs nouveaux, la prise en charge des centaines de milliers de rapatriés entre 1962 et 1965 évaluée à 7,2 milliards, tous ces éléments doivent aussi être pris en compte. Et, surtout, comment « chiffrer », lorsque l'on veut établir un bilan économique et social, le coût de cette guerre pour la société algérienne à travers les déplacements massifs des populations, l'appauvrissement de la paysannerie, la destruction du potentiel économique par la politique de la « terre brûlée »... ?

Dans la première partie de la guerre (1954-1958), l'armée française se contente d'égrener des listes de communiqués conçues comme de véritables campagnes psychologiques de démoralisation, et d'usure, sur l'ALN/FLN. Régulièrement, dans son journal *Le Bled* est publiée la liste des « pertes rebelles » en hommes et en matériel (listes reprises par une partie de la grande presse). Ainsi, le général Salan annonce pour la première semaine de février 1957 : « ... plus de 700 rebelles ont été abattus, près de 200 ont été faits prisonniers, 4 mitrailleuses, 2 mortiers, plusieurs pistolets et 500 fusils de guerre ont été récupérés au cours des combats. » Pour le même mois, Robert Lacoste précise : « ... 2 512 rebelles tués... » C'est le grand moment de la victoire militaire inéluctable, toute proche, le « dernier quart d'heure ». Notons, au passage, que le nombre de blessés ou de prisonniers est beaucoup plus faible que celui des tués...

L'armée française ne publie pas de chiffres sur les pertes de ses soldats. Par exemple, il n'y a pas une ligne dans *Le Bled* sur la meurtrière embuscade de Palestro, le 18 mai 1956, lors de laquelle dix-neuf militaires français sont mutilés et massacrés. Il faut attendre la conférence de presse du général de Gaulle du 23 octobre 1958 pour qu'apparaissent les premiers chiffres officiels de la guerre : « Il faut savoir, en effet, que si, depuis quatre ans, en Algérie, environ 1 500 civils, Français de souche, ont été tués, c'est plus de 10 000 musulmans, hommes, femmes et enfants, qui ont été massacrés par les rebelles, presque toujours par égorgement. Dans la métropole, pour 75 Français de souche auxquels les attentats ont coûté la vie, 1 717 musulmans sont tombés sous les balles ou le couteau des tueurs. Que de vies, que de demeures, que de récoltes, a protégées l'armée française en Algérie ! Et à quelles hécatombes condamnerions-nous ce pays si nous étions assez stupides et assez lâches pour l'abandonner ! Voilà la raison, le mérite, le résultat, de tant d'actions militaires en hommes et en fatigues, de tant de nuits et de jours de garde, de tant de reconnaissances, de patrouilles, d'accrochages. Hélas ! 77 000 rebelles ont été tués en combattant... »

Dans sa conférence de presse du 10 novembre 1959, le général de Gaulle donne d'autres indications sur le nombre de victimes. A cette date, et « depuis le début de la rébellion », il dénombrait 171 000 morts : 13 000 soldats français, 145 000 « rebelles », 1 800 « Français civils de souche », 12 000 civils musulmans.

En une année, d'octobre 1958 à novembre 1959, plus de 6 000 soldats français et 68 000 « rebelles » auraient donc été tués, soit autant que pendant toute la première phase du conflit... Ce qui paraît peu probable, en dépit de la férocité des campagnes militaires (opérations « Jumelles »). Un an plus tard, le 25 novembre 1960, le général de Gaulle déclare au directeur de *L'Écho d'Oran* : « Nous en avons tué déjà 200 000, nous en tuons encore 500 par semaine. »

Au moment de la signature des accords d'Évian de mars 1962, le chiffre total des pertes françaises en Algérie est évalué de la sorte par les autorités militaires :

« Tués : 12 000, dont 9 000 Français de souche, 1 200 légionnaires et 1 250 musulmans. En outre, les forces supplétives ont compté 2 500 morts.

« Blessés : 25 000, dont 18 500 Français de souche, 2 600 légionnaires et 2 800 musulmans, auxquels s'ajoutent 3 500 blessés des forces supplétives. Les accidents ont d'autre part fait 6 000 morts, dont 4 500 Français de souche, 800 légionnaires et 900 musulmans, et 28 700 blessés, dont 22 000 Français de souche, 2 000 légionnaires et 3 900 musulmans.

« 198 Français de souche sont encore dans la position de disparus. Près de 7 000 blessé rebelles ont été soignés dans des formations sanitaires françaises. »

Avant de passer au nombre de « victimes rebelles », attardons-nous sur un chiffre : celui des « morts par accident ». D'après les chiffres officiels, un tiers des militaires français tués pendant la guerre d'Algérie l'a été par accident, et non au combat. Les blessés par accident représentent les deux tiers des blessés. Il s'agit ici d'accidents en tout genre : erreur de manipulation des armes, sentinelles endormies, tir à l'aveuglette, erreur de cible, et surtout accidents de la route. Plusieurs campagnes sont menées en particulier par les journaux militaires pour tenter de ralentir l'hécatombe.

Les indications fournies par une note des Renseignements généraux du 9 mars 1962, rédigée sur la base de sources militaires françaises sont les plus surprenantes à propos des « pertes rebelles algériennes ». Elles sont estimées à 141 000 ! Soit 4 000 de moins que le chiffre donné par le général de Gaulle dans sa conférence de presse, tenue deux ans et demi auparavant. A cette époque, personne ne relève l'« anomalie ».

L'armée française décompose en deux catégories les « pertes musulmanes » : pertes de l'ALN/FLN mis hors de combat, et Algériens musulmans tués par le FLN /ALN :

Pertes du FLN : membres de l'ALN et auxiliaires	
— Tués au combat	141 000
— Victimes de « purges » internes	15 000
— Tués par les armées tunisiennes et marocaines	2 000
Total	*158 000*
Musulmans abattus par l'ALN :	
— Soldats musulmans tués au combat	3 500
— Civils disparus au 13 mars 1962	50 000
— Civils tués au 19 mars 1961 : 16 378, arrondi à	16 000
Total	*69 000*
Total général des musulmans victimes de la guerre :	*227 000*

Pour ce qui concerne les populations civiles, les chiffres connus sont arrêtés au 19 mars 1961 :

	Tués	Blessés	Disparus*
Souche européenne	2 788	7 541	875
Musulmans	16 378	13 610	13 296
Total	*19 166*	*21 151*	*14 171*

* Au 1er septembre 1962, les demandes de recherches reçues par la Croix-Rouge se montaient à : Européens, 4 500 ; musulmans, 6 050.

Avec ces chiffres civils, le total des Algériens musulmans tués au 19 mars 1962 s'élèverait donc, selon les chiffres officiels français, à 243 378.

Le FLN, à son congrès de Tripoli de juin 1962, livre l'évaluation qui aura force de loi : « Un million de martyrs sont tombés pour la cause de l'indépendance de l'Algérie. » La *Charte d'Alger* [éd. du FLN, 1964] assure qu'il y a trois cent mille orphelins dont trente mille complets, à l'indépendance (p. 81) et « plus d'un million de martyrs, près de trois millions de regroupés arrachés à leurs foyers et à leurs villages pour être parqués dans des centres spécialisés créés à cet effet, quatre cent mille réfugiés principalement en Tunisie et au Maroc, sept cent mille émigrés des campagnes vers les villes ».

Le conflit, d'après les approximations les plus vraisemblables, a fait près de 500 000 morts (toutes catégories confondues mais surtout algériens).

Dans les mois qui ont suivi l'indépendance algérienne, les massacres de dizaines de milliers de harkis, les enlèvements d'Européens (surtout dans l'Oranie), les affrontements inter-wilayas pour le contrôle du pouvoir, ont alourdi considérablement le bilan déjà très lourd de cette « guerre sans nom ».

Perte d'empire et crise du nationalisme français

Trente années après la fin des hostilités, le bilan de la guerre d'Algérie continue de poser aux historiens d'autres problèmes d'appréciation et d'interprétation. En particulier, la crise du nationalisme français, et la naissance, le fonctionnement d'un « État fort », né de cette guerre.

Dans sa conférence de presse du 14 juin 1960, le général de Gaulle souligne qu'il faut tourner le dos au passé : « Il est tout à fait naturel que l'on ressente la nostalgie de ce qui était l'empire, tout comme on peut regretter la douceur des lampes à l'huile, la splendeur de la marine à voiles, le charme du temps des équipages. Mais quoi ! Il n'y a pas de politique qui vaille en dehors des réalités. » Et il explique que la fin de la guerre d'Algérie est l'occasion pour la France de montrer une nouvelle voie, d'aider les pays du Sud. Mais cette épopée nouvelle est proposée dans un moment marqué par l'incertitude démographique, l'inquiétude industrieuse, et le doute sur les valeurs fondatrices de la nation. La fin de le guerre d'Algérie a mis à mal l'armée (800 officiers supérieurs sont renvoyés entre 1961 et 1963) ; elle a divisé l'Église, fait voler en éclats le consensus issu de la Résistance.

Dix ans seulement après la Seconde Guerre mondiale, la fraternité et la participation à cette histoire singulière qui s'appelle « Résistance » et « Libération » a volé en éclats. Le refus de la défaite de 1940 et de l'épisode vichyssois avait réhabilité des valeurs patriotiques tombées en déshérence. Avec la guerre d'Algérie, se brise le pacte des souvenirs convenables. La guerre d'Algérie engendre bien une crise du nationalisme français, d'une certaine conception de la France, de son rôle, de sa « mission civilisatrice » dans les colonies. Elle ouvre ce paradoxe : si cette période provoque la construction d'un État fort en 1958, elle débouche à terme sur la crise du nationalisme français, de sa tradition centralisée, jacobine. L'indépendance algérienne qui approche accélère les prises de conscience, multiplie les remises en cause. Le nationalisme traditionnel français ne trouvera à s'exprimer que sur « la résistance à l'abandon » le refus de la « décadence ». André Figueras, dans son ouvrage *Algérie française*, paru en 1959, écrit : « Tant que l'Algérie nous reste, nous sommes grands, nous sommes forts, nous sommes durables. Nous y sommes promis à des destins incomparables. »

A partir de 1959, le général de Gaulle, essentiellement par la magie du verbe, contribue à libérer l'opinion de la hantise de la « décadence », de « l'humiliation » et à lui faire approuver, accepter, l'indépendance de l'Algérie. Mais l'effondrement de l'empire dans un climat de guerre civile en Algérie provoque une crise de la conscience française, qui se voit obligée d'accepter un déplacement décisif de la communauté française. Et cela à un moment où la construction européenne, encore embryonnaire, ne parvient pas à porter les ferveurs, les énergies laissées disponibles par la fin de l'aventure coloniale. Dans le drame qui déchire les « familles » politiques, culturelles, intellectuelles, les Français confient leur sort malmené à la magistrature suprême. Une demande insistante se forme, pour résoudre les tensions, celle du retour à la tradition bonapartiste. La gauche traditionnelle française sort également très affaiblie de la guerre d'Algérie. Un gouvernement de gauche associé à la pratique de la torture, de la guerre ; la défiance d'une grande partie des intellectuels acquis dans leur majorité à la gauche depuis la Libération ; la déliquescence de la SFIO, qui « refuse le faux droit des peuples à disposer d'eux-mêmes au nom de la libération de l'homme » (selon l'expression de Marc Sadoun) ; le véritable début de la crise interne du PCF, qui s'interdit de reconnaître tout particularisme en dehors du communisme : le profond bouleversement que connaît alors la gauche annonce une véritable redéfinition de ses valeurs politiques. Cette crise affaiblit les fondements de l'idéologie républicaine, pivot de référence de la gauche française, socialiste et communiste. Ajoutons, enfin, que de 1954 à 1962, plus de 2 millions de soldats français se sont succédé en Algérie pour y faire une guerre. Pendant ces sept années, une République est tombée et une autre l'a remplacée, des centaines de milliers d'Algériens sont morts victimes de ce conflit, un million de « pieds-noirs » ont quitté le pays où vivaient leurs parents depuis des générations.

Les amnisties et les amnésies

La société française digère, vite, le temps de la guerre d'Algérie, beaucoup plus rapidement que ce ne fut le cas après la Seconde Guerre mondiale (où il fallait reconstruire, vivre avec les tickets de rationnement, trouver un logement...). Au risque d'ébranler, de disloquer l'axe qui relie le présent au passé immédiat. La mémoire de la guerre d'Algérie va s'enkyster, comme à l'intérieur d'une forteresse invisible. Non pour être « protégée », mais pour être dissimulée, telle la figure irregardable d'une Gorgone. Les amnisties successives viennent alors entériner, dans un climat d'indifférence, cette dissimulation de « la tragédie algérienne ». Il faut bien s'arrêter un jour..., tenter de congédier les remords, les doutes, les ombres douloureuses qui hantent les mémoires.

Le 17 décembre 1964 est votée la première loi d'amnistie liée aux « événements » d'Algérie. Le 21 décembre, 173 anciens membres de l'OAS bénéficient de la grâce présidentielle à l'occasion de Noël. Il faudra attendre 1968 pour que se « ferme le compte ». Après la grève générale, le 7 juin 1968, tous les membres de l'OAS sont graciés. Dans les jours suivants, ils rentrent d'exil (Georges Bidault), ou sortent de prison (Raoul Salan). L'Assemblée nationale vote, le 24 juillet 1968, un texte de loi qui efface la peine pénale liée aux

« événements » d'Algérie. Mais ce texte ne prévoit pas la réintégration dans les fonctions publiques (civils ou militaires), et les droits aux décorations. Le 24 octobre, Jacques Soustelle rentre en France, après un exil dû à ses activités en faveur de l'Algérie française. La loi du 16 juillet 1974 efface, encore, toutes les condamnations prononcées pendant ou après la guerre d'Algérie. La loi du 24 novembre 1982, sous un gouvernement de gauche, ne se contente pas d'amnistier ; elle réhabilite les cadres, officiers et généraux condamnés ou sanctionnés pour avoir participé à la subversion contre la République. Les putschistes d'avril 1961 redeviennent membres de l'armée française.

L'Algérie, après avoir subi une guerre terrible, accède à son indépendance. Le mérite historique des responsables qui déclenchent l'insurrection en novembre 1954 est d'avoir débloqué, par les armes, le *statu quo* colonial. Ils ont permis que l'idée d'indépendance prenne consistance pour des millions d'Algériens. Mais, comme le note le sociologue Abdelkader Djeghloul, « la guerre enclenche un processus de déperdition du capital d'expérience démocratique et politique moderne que les différentes formations politiques avaient commencé à élaborer avant 1954 ». Les stratégies d'exclusive, d'autoritarisme et d'hégémonie s'installent dans le nationalisme algérien.

Au moment de l'indépendance, des centaines de milliers de ruraux, tout juste sortis des lieux de regroupement, emplissent les villes d'Algérie. Ils s'installent dans les appartements laissés vacants. Ce « surgissement paysan » transforme en profondeur, et de manière durable, la physionomie des villes algériennes. L'écrivain Rachid Mimouni, dans *Le Fleuve détourné*, décrit le retour de ce combattant qui ouvre ses yeux sur un monde nouveau, étranger : inquiétant chaos, vive lucidité, Algérie nouvelle bouleversée, détournée du fleuve de sa tradition... Entre l'obéissance à l'ancien colonisateur, et la soumission anonyme et collective à la nouvelle « administration », entre le fleuve détourné par des parachutistes étrangers, ou déformé par des militaires autochtones..., y a-t-il espoir pour un juste milieu ? La perte du sens de la durée accompagne la perte des responsabilités politiques. L'économie a l'air de tout dominer : batailles autour de la collectivisation et de l'autogestion ; mode d'accaparement et de gestion des terres reprises aux colons français (les dernières le seront le 1er octobre 1963) ; régulation et contrôle de l'émigration algérienne vers la France, avec les accords du 29 mai 1963 (sur la migration familiale), du 25 avril 1964 (les premières tentatives de coup d'arrêt), du 27 décembre 1968 (le contingentement...) ; les nationalisations des sociétés de distribution des produits pétroliers et du gaz, dans un certain mois de mai 1968. La rente pétrolière ainsi que diverses allocations de ressources clientélaires permettent au régime de se concilier une grande partie de l'opinion. La « modernisation », fondée sur des industries difficiles à maîtriser, sacrifie l'agriculture, l'hydraulique et les équipements.

Du coup, le passé colonial en Algérie se transforme, globalement en passé-repoussoir, référence d'autojustification dont le présent social a besoin. On montre volontiers tout ce que ce passé avait de précaire, sordide, impitoyable pour la vie, le travail humain. Le rappel de toutes ces tares joue le rôle d'une référence de camouflage, aide à exorciser les mutations traumatisantes, dissimule les blessures du présent. L'Algérie veut avancer, mettre entre parenthèses cent trente-deux ans de présence française, se lancer dans la construction d'une société nouvelle. Maximisation des ressources et mobilisation de tous : au populisme politique s'ajoute le populisme économique. Ainsi se répand peu à peu un état d'esprit opposant un avant-guerre colonial noir à une actualité, toute proche, de la guerre glorieuse et à l'espérance d'un avenir radieux.

En France, et en Algérie, entre 1962 et 1982, l'énorme fracas des bruits de la « modernité » qui envahit le monde recouvre encore davantage le temps de la guerre d'Algérie : l'assassinat de John F. Kennedy en 1963, puis de son frère Robert en 1968, le meurtre de Martin Luther King cette même année 1968, l'impact de la révolution cubaine et la figure de Che Guevara, les répressions policières et le surgissement des mouvements de jeunesse en Europe et aux États-Unis, la guerre des Six Jours (1967) et l'invasion de la Tchécoslovaquie (1968), le besoin de mystifier l'histoire et celui de la démystifier, la fin du colonialisme en Asie, et le déplacement de la guerre au Vietnam qui se termine en 1975... Des années où l'histoire semble s'être formidablement accélérée, avec les hommes qui ont marché sur la Lune et les événements de Mai 68 ; 1973, son premier choc pétrolier et la guerre de Kippour ; 1975 et la « stagflation » ; le coup d'État en Pologne en 1981 et le début de la fin du communisme stalinien...

Comment, aussi, dans ces conditions, ne pas comprendre que la sortie du « traumatisme » algérien provoque une perte de connaissance, suivie d'une période confusionnelle ? Mais le mauvais « stockage » de souvenirs ne signifiera jamais amnésie globale, oubli massif des faits.

Nécessité de partir là-bas. D'y retourner.

Là-bas, y : l'Algérie, Alger.

Pourquoi ?

Il me semble que toutes les réponses que je donnerai maintenant à ce pourquoi seront insuffisantes. Les racines, le souvenir, la mémoire, l'enfance, la jeunesse… bien sûr. Mais quoi encore ?

Je ne sais pas et je ne suis pas certaine de pouvoir jamais donner aucune explication à mon retour. Ce que je vais chercher n'appartient pas, je crois, à l'ordre de la raison.

Non, c'est quelque chose qui vient de la terre, du ciel et de la mer que je veux rejoindre, quelque chose qui, pour moi, ne se trouve que dans cet endroit précis du globe terrestre. Je suis, actuellement, incapable d'imaginer ce que c'est.

Peut-être des creux, des tourbillons liquides, des vides, où, au long de mon enfance et de mon adolescence, je m'engloutissais.

Bruissement sec des feuilles d'eucalyptus agitées par le vent du désert. Tintamarre des cigales. La sieste. La chaleur fait bouger le paysage. Rien n'est stable, tout est éternel. Le ciel est blanc. Pourquoi est-ce que je vis ? Qu'est-ce que c'est que la vie ?

Vivre ailleurs que là a changé pour moi le sens du mot vivre. Depuis il n'y a plus pour moi que labeur, vacances, lutte. Il n'y a plus d'instants où, sans restriction, je suis en parfaite harmonie avec le monde.

Marie CARDINAL,
extrait de *Au pays de mes racines*,
Paris, Grasset, 1980.

Conclusion : les enjeux de mémoire

Trente ans après la fin de la guerre d'Algérie, il semble bien difficile de soutenir que les Français se désintéressent de leur passé d'outre-mer. Depuis quelques années, de grands éditeurs se sont lancés dans la publication d'une histoire coloniale de la France. Avec, au cœur de la tragédie coloniale, la guerre d'Algérie. Pas moins de quarante ouvrages (romans, récits historiques, autobiographies, essais...) ont été publiés sur ce sujet dans l'année du trentième anniversaire des accords d'Évian. Ajoutons que, le 17 octobre 1991, plusieurs milliers de jeunes, la plupart enfants de l'immigration algérienne, ont manifesté à Paris pour commémorer la sanglante journée du 17 octobre 1961 ; que les enfants de harkis, dans le sud de la France, ont fait, de manière spectaculaire, valoir leurs droits cette même année. En Algérie, les retours successifs de l'exil des « chefs historiques » du déclenchement de l'insurrection de novembre 1954, Hocine Aït Ahmed, Ahmed Ben Bella et Mohamed Boudiaf ont été l'occasion d'un réexamen des héritages historiques qui définissent le nationalisme algérien depuis ses origines.

En France, en 1992, pour la première fois, une exposition s'est tenue au musée des Invalides, organisée par la BDIC : *La France en guerre d'Algérie*. Au niveau de l'image, tout également s'accélère.

En quelques mois, en 1991, 1992, pas moins de six documentaires, à la télévision ou au cinéma, ont traité de cette guerre. L'énumération de cette production d'images est en elle-même très éloquente : *Les Années algériennes*, diffusé en octobre 1991 sur Antenne 2, *La Guerre sans nom*, sur les écrans en février 1992, *Les Frères des Frères*, diffusé en

97

mars 1992 sur FR3, *Les Lettres de soldats d'Algérie* en mai 1992 sur Antenne 2, *Mémoire d'Algérie* en juin 1992 sur TF1 et, également en juin, *La Guerre d'Algérie* de Yves Courrière.

Par le volume, le rythme et la fréquence rapprochée des productions de livres et d'images consacrées à cette guerre, qui habitent si fortement l'imaginaire français, le temps du « travail de deuil », très long, semble aujourd'hui fini.

L'amnésie mise en scène

Il peut sembler naturel que, la guerre terminée en 1962, l'oubli s'installe. Des deux côtés de la Méditerranée, il faut repartir, panser les plaies, ne pas s'abandonner au désespoir et à la culpabilité, trouver des raisons de vivre. Ceux qui ont subi la guerre, affrontent la surdité d'un monde qui préfère oublier leurs souffrances. Certains se taisent, d'autres cherchent les mots qui leur manquent pour décrire ce qu'ils ont vécu.

Pourtant, pour la seule période allant des années soixante au début des années quatre-vingt, plus de mille ouvrages ont été publiés sur ce conflit, sans parler des films de fiction et des documentaires qui ont traité du même sujet. Malgré cette matière impressionnante, la sensation d'oubli a longtemps dominé. Recherche d'apaisement ou refoulement ? En France, surtout, pendant trente années, une mise en scène de l'amnésie s'organise. L'Algérie semble être une redécouverte perpétuelle. Chaque sortie de film, ou de livre, s'accompagne de la mention « pour la première fois... ».

En fait, cette longue période voit la mémoire de guerre, tapie, se propager de manière souterraine à partir de l'espace familial et privé ; puis réinvestir progressivement l'espace public : débat autour de l'amnistie des généraux en 1982, procès de Jean-Marie Le Pen et question de la torture en 1984, « problème » de l'immigration et de l'islam en France, parallèle guerre d'Algérie/guerre du Golfe en 1991... Et l'on découvre que l'oubli de la guerre d'Algérie n'est pas absence de mémoire. Mais cette sensation d'oubli tient dans l'existence de mémoires tronquées, partielles et partiales, légendes et stéréotypes élaborés dans la crainte d'une parole vraie.

Le début d'un travail historique

La perception qui se dégage actuellement est celle de la sortie de l'oubli. Elle tient à l'émergence d'un travail historique, qui s'effectue en deux temps. D'abord, la recherche de la mémoire.

L'enjeu est de taille : seule une réappropriation consciente des mémoires permet de reconnaître le passé comme passé, c'est-à-dire de ne plus le vivre comme présent. En ce sens, le travail de l'historien sur l'Algérie n'est pas forcément exempt d'une certaine visée cathartique. Cet examen difficile permet de voir comment fonctionnent à la fois mémoire et oubli, connaissance et méconnaissance ; comment il peut y avoir, à la fois, histoire commune et refus de l'autre.

En second lieu, il faut attendre que tous les documents de cette guerre soient accessibles, qu'une nouvelle génération de chercheurs, non directement engagés dans les combats de l'époque, émerge. Ce passage du témoignage à la critique historique, de la politique à l'histoire, s'effectue lentement. Nous sortons du temps où le travail de vérité était en quelque sorte recouvert par la « piété », et où la volonté de savoir de l'historien trouvait difficilement la force de contredire le souvenir des naufragés français d'une guerre perdue, et les rescapés algériens d'une guerre gagnée.

Ce passage à l'histoire permet à un peuple traumatisé d'oser regarder le passé, de cesser de le mythifier ou de s'en détourner, pour simplement le comprendre. Ce travail sur l'histoire ne peut, cependant, se suffire à lui seul.

La guerre d'Algérie trouve son origine dans l'imposition brutale d'un système colonial, subie par la masse des Algériens musulmans. La reconnaissance de ce fait, en France, n'est pas évidente.

Avancer exige qu'on tienne ensemble tous les points de vue : de la France sur l'Algérie, et de l'Algérie sur la France, de l'Algérie sur elle-même et de la France sur elle-même, qu'on en revienne à l'avant-guerre d'Algérie, qu'on poursuive à l'après-guerre. Les blessures sont, malgré elles, en miroir l'une de l'autre, et c'est dans cette réticence à se voir dans la souffrance de l'autre (et, disons-le clairement, surtout de la part des Français dans le drame vécu par le peuple algérien) qu'existe une résistance forte à l'élaboration d'une mémoire authentique. Celle qui ne prend son sens qu'en une compréhension des souffrances que d'autres groupes ont subies.

En France, nous n'en sommes pas encore là. Le moment est celui de se remémorer, pas encore de commémorer (ce qui impliquerait la reconnaissance de la notion de guerre). Il s'agit de tout voir, l'histoire, l'horreur, la guerre, ses ambiguïtés, ses contradictions. Pas encore de reconnaître une dette à l'égard des victimes, d'admettre les crimes de guerre, ou crimes contre l'humanité, pendant la guerre d'Algérie. Cet acharnement à ruser avec la réalité se voit notamment, à propos d'une autre période noire, celle de Vichy. Au point que la collaboration française à la politique antisémite de Berlin demeure minorée ou niée par une partie des institutions françaises en 1992, tandis qu'une majorité de Français (on le voit dans les sondages au lendemain de « l'arrêt Touvier ») finit par digérer ce « syndrome de Vichy », névrose si bien décrite par l'historien Henry Rousso. Le surgissement, dans la conscience collective, de la question des persécutions anti-Arabes pendant la guerre d'Algérie a commencé, en France, avec la bataille livrée par les enfants issus de l'immigration algérienne (mouvements « beurs », mouvements civiques, commémoration du 17 octobre 1961...). Mais, essentiellement, c'est par l'Algérie que le retour de la mémoire de guerre revient.

Retour par l'Algérie

Ce sont les émeutes d'octobre 1988 en Algérie, avec l'éruption de la jeunesse algérienne, qui ont permis de soulever le couvercle étouffant d'une mémoire unanimiste. Finis les histoires héroïques, les légendes et les stéréotypes, et plutôt la volonté de savoir ce qui s'était réellement joué dans cette guerre d'indépendance de sept ans entre l'Algérie et la France. De savoir pourquoi un parti unique s'était installé. De comprendre pourquoi l'Algérie s'était progressivement vidée de sa minorité européenne. Dans cette volonté de retrouvailles avec une histoire plus complexe se joue la fin des mythes. Sortir d'une mémoire de guerre lyrique, c'est enfin accéder à l'indépendance réelle, disposer de sa propre histoire. Paradoxalement, c'est de l'ancien colonisé, celui que l'on appelle l'homme du Sud, que viennent les besoins, les désirs de compréhension. C'est lui qui, par son mouvement actuel, force au réexamen des héritages de l'histoire. A la préférence héroïque de la sécurité anticoloniale d'autrefois, succède le désir de s'ouvrir à l'autre, d'exister par soi-même. Ce processus n'est pas une réhabilitation du système colonial, mais plutôt une attitude qui cesse de se définir en permanence par rapport à lui. C'est fondamentalement l'ex-colonisé, par les autorisations de retour qu'il consent, qui interpelle la France et lui demande d'aller plus loin, d'assumer son histoire. Et pas d'écrire, encore, à sa place, le vécu terrible de sa propre destinée coloniale. Ce serait poursuivre l'évacuation des responsabilités françaises dans ce que furent leurs drames.

Ce mouvement correspond aussi à l'évolution de l'attitude des victimes elles-mêmes (algériennes ou françaises) qui, après avoir recherché le silence et l'oubli, ont peu à peu pris conscience que, le temps passant, le sacrifice de milliers d'innocents, et de combattants, allait disparaître.

Trente ans après, par l'avalanche d'images (et d'écrits, avec la masse de livres), le mouvement général de la connaissance coloniale se déploie parallèlement au progrès de la reconnaissance de la *perdition* de l'empire. Il importe peu que les histoires racontées par tous ces films apparaissent comme un vaste *flash-back* (coupé, dans les documentaires, par les interventions d'acteurs et de témoins face à la caméra). Certains critiques ont pu voir dans cette descente en arrière, cette glissade, un enfermement dans les songes coloniaux. On peut, au contraire, y voir, quelle que soit la forme prise, surtout la montée vers la reconnaissance, enfin, d'une mort d'empire. La dépossession progressive d'un monde s'accompagne de la progressive découverte, (re)création d'un autre monde, différent. Et, dans la question du « comment vivre après », se pose le pourquoi de la séparation apparemment définitive. Les guerres étant finies, il s'agit de les comprendre. Pour éviter de les reprendre en permanence dans le présent, cette fois-ci en France, tournées contre l'immigré en provenance des anciennes colonies.

Et c'est précisément là que réside le problème. Le souvenir, en France, revient mal. A peine entrevu, l'apaisement s'éloigne à nouveau. « L'envahisseur » dont parlent les discours xénophobes, voire racistes, n'est-il pas d'abord l'Algérien, musulman de surcroît ? Le racisme colonial resurgit dans le discours de l'extrême droite. La situation explosive dans les banlieues en France, où les jeunes issus de l'immigration se battent contre l'exclusion, pour la dignité et la reconnaissance du complément de richesse sensible qu'ils apportent à leur pays d'adoption : ces phénomènes ne sont-ils pas la résurgence et le contrecoup lointain d'un conflit dont on arrive mal à rationaliser les enjeux ? Comme le souligne justement Paul Thibaud, « l'enjeu décisif, pour un pays comme pour une personne, est de faire face au présent : la résolution du passé vient en prime. Si la France était active et créative, la capacité de réactiver sa mémoire lui viendrait par surcroît » (*Télérama*, 27 novembre 1991). En Algérie, les émeutes d'octobre 1988 marquent l'éclatement au grand jour de la crise latente de mémoire. L'islamisme radical veut soumettre l'Algérie à la lettre de la *charia*. Le FIS s'ancre dans la décomposition du FLN. La conception de la nation se fracture.

Ces éléments nous renforcent dans la conviction qu'un travail sur l'Algérie et sa guerre doit articuler, à l'étude des événements, une analyse *des relations* à cette histoire, de chaque bord de la Méditerranée. N'oublions pas que la blessure algérienne est restée vive par manque d'ouverture aux raisons de *l'autre*, et à ses propres déchirements.

Écrire encore l'histoire

Trente ans après... On remarquera que c'est le temps d'une génération qui s'est ainsi écoulé. La mémoire « ancienne combattante », celle qui veut toujours vivre avec, rejouer toujours la guerre, s'épuise. Ceux et celles qui vont devoir faire et font déjà l'Algérie et la France de demain n'ont aucune responsabilité dans l'affrontement d'hier. Le sondage publié dans *Le Monde* en mars 1992, à propos des jeunes et la guerre d'Algérie, le prouve. La majorité de ces jeunes considère l'indépendance de l'Algérie comme un fait inévitable, nécessaire, normal... Le drame franco-algérien ne devient qu'une page de leur histoire. Ils veulent lire cette page avec méthode, loin du bruit et de la fureur longtemps entretenus par leurs aînés, acteurs de cette histoire. Ils entendent sortir de l'enfermement du traumatisme colonial, sortir des litanies de l'ancienne victime et des autojustifications aveugles de l'ancien agresseur, pour forger des valeurs sur les ruines du mépris, de la haine. Le travail pour retrouver la mémoire de la guerre d'Algérie n'est pas fini.

Repères chronologiques

1954 *1er novembre* : des commandos du FLN entrent en action dans toute l'Algérie. Début de la guerre d'Algérie.
5 novembre : le MTLD est dissous par les autorités françaises.
3 décembre : proclamation par Messali Hadj de la création du MNA.
10 décembre : débat à l'Assemblée sur la politique française en Afrique du Nord. Envoi de renforts militaires en Algérie.

1955 *5 janvier* : F. Mitterrand, ministre de l'Intérieur, prône le recours à la force et présente un programme de réformes pour l'Algérie.
20 janvier : premières grandes opérations de l'armée française dans l'Aurès.
1er février : Jacques Soustelle est nommé gouverneur général par le gouvernement Mendès France, en remplacement de R. Léonard.
15 février : J. Soustelle s'installe à Alger : « Un choix a été fait par la France : l'intégration. »
23 février : investiture du gouvernement Edgar Faure.
20 mars : rapport Mairey sur le comportement de la police à Edgar Faure.
1er avril : vote de l'état d'urgence en Algérie pour six mois.
18-24 avril : conférence afro-asiatique de Bandoeng.
23 avril : établissement en Algérie de la censure préalable.

13 mai : le général Cherrière, commandant en chef en Algérie, définit le principe de la responsabilité collective.

16 juin : le général Lorrillot remplace le général Cherrière.

20 août : grande offensive de l'ALN dans le Nord Constantinois. 71 victimes européennes. Énergique répression : 1 273 tués officiellement.

30 août : maintien sous les drapeaux de la classe 1954.

12 septembre : interdiction du PCA. Suspension d'*Alger-Républicain*.

15 septembre : le journaliste Robert Barrat publie dans *France-Observateur* une interview de « chefs rebelles ». Il est arrêté.

26 septembre : motion de 61 députés musulmans refusant l'intégration.

Octobre : mouvement de soldats pour la paix en Algérie.

29 novembre : Edgar Faure est renversé.

2 décembre : dissolution de l'Assemblée nationale.

10 décembre : les élections en Algérie sont ajournées *sine die*.

23 décembre : les élus UDMA démissionnent de leurs mandats et demandent la création d'une république algérienne.

1956 *2 janvier* : victoire du Front républicain aux élections.

1er février : investiture du gouvernement Guy Mollet.

2 février : Jacques Soustelle quitte Alger, acclamé par la population européenne.

6 février : Guy Mollet conspué à Alger.

9 février : Robert Lacoste est nommé ministre-résident.

12 mars : l'assemblée nationale vote les « pouvoirs spéciaux ».

22 avril : Ferhat Abbas rallie officiellement le FLN.

18 mai : massacre de soldats français à Palestro.

27-28 mai : premier ratissage de la Casbah.

20-22 juin : vague d'attentats individuels à Alger.

26 juin : le pétrole jaillit à Hassi-Messaoud.

5 juillet : grève anniversaire de la prise d'Alger du 5 juillet 1830.

10 août: bombe « contre-terroriste » rue de Thèbes, dizaines de victimes musulmanes.

20 août: congrès FLN dans la vallée de la Soummam : création du Comité national de la révolution algérienne (CNRA).

30 septembre: premiers attentats FLN à la bombe à Alger.

Été 1956: affrontements entre maquis du MNA et du FLN qui tournent à l'avantage de ces derniers.

22 octobre: détournement sur Alger de l'avion de Ben Bella et de ses compagnons, qui sont arrêtés.

1er novembre: début de l'expédition de Suez.

13 novembre: le général Raoul Salan est nommé commandant en chef en Algérie.

24 décembre: découverte du complot du général J. Faure.

27 décembre: assassinat d'Amédée Froger. Ratonnades à ses obsèques.

1957 *7 janvier*: une ordonnance du superpréfet d'Alger confie au général Massu et à la 10e DP les pouvoirs de police sur le Grand Alger.

16 janvier: attentat au bazooka contre le général Salan.

28 janvier: début d'une grève de huit jours sur ordre du FLN.

10 février: bombes dans des stades à Alger.

18 février: à la suite de ses prises de position sur la torture, le général Jacques Paris de Bollardière est relevé de son commandement.

25 février: arrestation de Larbi Ben M'hidi.

4 mars: création du dispositif de protection urbaine.

5 mars: « suicide » de Ben M'hidi.

23 mars: « suicide » d'Ali Boumendjel.

24 mars: première lettre de démission de Paul Teitgen.

5 avril: institution de la Commission de sauvegarde des droits et libertés individuels.

21 mai: chute du gouvernement de Guy Mollet.

29 mai: massacres de Mélouza.

11 juin: ratonnades aux obsèques des victimes des bombes du Casino de la Corniche. Arrestation de Maurice Audin.

17 juin : investiture du gouvernement Bourgès-Maunoury.

7 juillet : dans un discours à Alger, R. Lacoste dénonce « les exhibitionnistes du cœur et de l'intelligence ».

12 septembre : démission de Paul Teitgen.

24 septembre : arrestation de Yacef Saadi, responsable de la zone autonome d'Alger du FLN.

30 septembre : chute du gouvernement sur la loi-cadre.

8 octobre : mort d'Ali la Pointe, adjoint de Y. Saadi.

Octobre : capture de Ben Hamida. Démantèlement complet de la zone autonome d'Alger. Fin de la bataille d'Alger.

22 novembre : le roi du Maroc et Habib Bourguiba proposent leurs bons offices pour régler la question algérienne.

29 novembre : vote de la loi-cadre sur l'Algérie et de la loi électorale algérienne.

11 décembre : Publication du rapport de synthèse de la Commission de sauvegarde.

26 décembre : Abbane Ramdane est assassiné par d'autres responsables du FLN.

1958   *28 janvier* : dissolution à Paris de l'Union générale des étudiants musulmans d'Algérie.

8 février : l'aviation française bombarde le village tunisien de Sakhiet.

14 février : réunion du CCE au Caire.

25 février : Robert Murphy, conseiller diplomatique au département américain, arrive à Paris pour sa mission « bons offices ».

15 avril : chute du gouvernement de Félix Gaillard.

13 mai : à Alger, les manifestants s'emparent du Gouvernement général. Formation d'un comité de salut public présidé par le général Massu.

14 mai : investiture du gouvernement Pierre Pflimlin. Appel de Massu au général de Gaulle. Déclaration du général Salan : « Je prends en main provisoirement les destinées de l'Algérie française. »

15 mai : le général de Gaulle se déclare prêt « à assumer les pouvoirs de la République ».

16 mai : « fraternisation » franco-musulmane sur le Forum d'Alger.

17 mai : arrivée de Jacques Soustelle à Alger.

19 mai : conférence de presse du général de Gaulle.

25 mai : comités de salut public en Corse.

29 mai : le général de Gaulle accepte de former le gouvernement.

1er juin : investiture du gouvernement de Gaulle.

2 juin : la censure est levée.

4 juin : le général de Gaulle à Alger : « Je vous ai compris ! »

7 juin : le général Salan est nommé délégué général du gouvernement et commandant en chef en Algérie.

2 juillet : nouveau voyage du général de Gaulle en Algérie.

7 septembre : rétablissement de la Commission de sauvegarde.

19 septembre : constitution du Gouvernement provisoire de la république algérienne, présidé par Ferhat Abbas.

28 septembre : référendum sur la Constitution.

3 octobre : discours du général de Gaulle annonçant le plan de Constantine.

23 octobre : conférence de presse du général de Gaulle, qui offre « la paix des braves ».

25 octobre : le GPRA repousse la proposition de paix des braves.

23-30 novembre : élections législatives. Succès de l'UNR.

4 décembre : le général de Gaulle se rend à nouveau en Algérie.

13 décembre : l'Assemblée générale de l'ONU repousse par 18 voix et 28 abstentions contre 35 une résolution reconnaissant le droit de l'Algérie à l'indépendance.

19 décembre : le général Salan est remplacé par le délégué général Paul Delouvrier et le général Challe.

21 décembre : le général de Gaulle est élu président de la République.

1959 *Janvier* : mesures de grâce en faveur de condamnés algériens, libération de Messali Hadj.

7 mars : Ben Bella et ses compagnons de captivité sont transférés à l'île d'Aix.

28 mars : les commandants des wilayas III et VI sont tués au combat.

29 avril : le général de Gaulle au député Pierre Laffont : « L'Algérie de papa est morte. »

21 juillet : début de l'opération « Jumelles » en Kabylie.

Début août : première « tournée des popotes » du général de Gaulle.

16 septembre : le général de Gaulle annonce le principe du recours à l'autodétermination pour les Algériens par voie de référendum.

19 septembre : Georges Bidault forme le Rassemblement pour l'Algérie française.

28 septembre : réponse évasive du GPRA au discours du 16 septembre du général de Gaulle.

16 décembre : début de la réunion à Tripoli du CNRA.

1960 *13 janvier* : démission d'Antoine Pinay, ministre des Finances et des Affaires économiques.

18 janvier : le général Massu est remplacé par le général Crépin à la tête du corps d'armée d'Alger.

24 janvier : début de la « semaine des barricades ».

28 janvier : Paul Delouvrier et le général Challe quittent Alger.

1er février : le camp retranché des Facultés, dirigé par P. Lagaillarde, se rend. Fin des « barricades ».

2 février : l'Assemblée nationale vote les pouvoirs spéciaux pour un an.

5 février : Jacques Soustelle quitte le gouvernement.

10 février : création, par le gouvernement, d'un Comité des affaires algériennes. Suppression des services d'action psychologique de l'armée.

24 février : découverte du réseau Jeanson de soutien au FLN.

3-5 mars : deuxième « tournée des popotes ». De Gaulle parle « d'Algérie algérienne ».

30 mars : le général Challe est remplacé par le général Crépin.

10 juin : Si Salah, chef de la wilaya IV, est reçu à l'Élysée.

14 juin : dans une déclaration, de Gaulle offre aux chefs de l'insurrection de négocier.

25-29 juin : pourparlers de Melun, qui échouent.

5 septembre : procès du réseau Jeanson. Publication du *Manifeste des 121* sur le droit à l'insoumission.

3 novembre : début du procès des barricades.

4 novembre : discours du général de Gaulle ; allusion à une « République algérienne, qui existera un jour ».

22 novembre : Louis Joxe est nommé ministre des Affaires algériennes.

24 novembre : Jean Morin est nommé délégué général en Algérie, en remplacement de Paul Delouvrier.

9-13 décembre : voyage du général de Gaulle en Algérie. Violentes manifestations européennes. Première manifestation de masse organisée par le FLN à Alger.

19 décembre : l'assemblée générale de l'ONU reconnaît le droit de l'Algérie à l'indépendance.

1961   *8 janvier* : référendum sur la politique algérienne du général de Gaulle. Large succès du oui.

25 janvier : assassinat de Me Popie par un commando du Front de l'Algérie française.

Février : constitution de l'Organisation armée secrète.

20-22 février : Ahmed Boumendjel rencontre Georges Pompidou à Lucerne et à Neuchâtel.

17 mars : annonce de pourparlers entre la France et le GPRA.

31 mars : le maire d'Évian est assassiné par l'OAS.

11 avril : conférence de presse du général de Gaulle. Allusion à un « État algérien souverain ».

22 avril : les généraux Challe, Jouhaud et Zeller, peu après rejoints par le général Salan, s'emparent du pouvoir à Alger.

23 avril : Oran est aux mains des putschistes, mais le coup échoue à Constantine. Le gouvernement décrète l'état d'urgence, et le recours à l'article 16 de la Constitution.

25 avril : échec du putsch. Reddition du général Challe. Salan, Jouhaud et Zeller entrent dans la clandestinité.

5 mai : première réunion secrète de l'OAS à Alger, sous la direction du colonel Godard ; l'organisation est mise sur pied.

20 mai : ouverture des négociations d'Évian.

31 mai : assassinat par l'OAS du commissaire Gavoury. Condamnation du général Challe à quinze ans de réclusion.

7 juin : le général Ailleret est nommé commandant en chef en Algérie.

13 juin : les négociations d'Évian sont suspendues.

5 juillet : répression de manifestations FLN à Alger : au moins 70 morts.

19 juillet : ouverture des conversations de Lugrin, suspendues le 28.

5 août : première émission radiophonique pirate de l'OAS.

26 août : Ben Khedda succède à Ferhat Abbas à la tête du GPRA.

8 septembre : attentat manqué de Pont-sur-Seine contre le général de Gaulle.

17 octobre : violentes répressions des manifestations d'Algériens à Paris. Dizaines de victimes.

4 novembre : arrestation d'Abderrahmane Farès.

16 décembre : à Oran, le colonel Rançon est assassiné par l'OAS.

1962   *5 février* : conférence de presse du général de Gaulle : annonce que l'issue en Algérie est proche.

8 février : manifestations anti-OAS à Paris. Intervention brutale de la police au métro Charonne : 8 morts.

10 février : ouverture des conversations entre le GPRA et le gouvernement français aux Rousses.

19 février : protocole d'accord entre les deux parties.

26 février : vague d'attentats sans précédent contre les musulmans à Alger.

7 mars : ouverture de la deuxième conférence d'Évian.

18 mars : signature des accords d'Évian.

21 mars : Christian Fouchet est nommé haut commissaire en Algérie.

26 mars : fusillade de la rue d'Isly à Alger. L'armée tire sur les manifestants européens : 46 morts.

29 mars : mise en place de l'exécutif provisoire, présidé par Abderrahmane Farès.

8 avril : référendum très favorable à la politique algérienne du gouvernement.

14 avril : Georges Pompidou est nommé Premier ministre en remplacement de Michel Debré. Condamnation à mort du général Jouhaud.

18 avril : le général Fourquet remplace le général Ailleret.

3 mai : à Alger, explosion d'une voiture piégée : 62 morts musulmans.

24 mai : le général Salan est condamné à la détention à vie.

15 juin : conversations entre l'OAS et le FLN pour une cessation des attentats.

1er juillet : référendum d'autodétermination en Algérie : 5 975 581 voix pour le « oui », 16 534 pour le « non ».

3 juillet : reconnaissance officielle, par la France, de l'indépendance de l'Algérie. Le GPRA arrive à Alger.

5 juillet : enlèvements et exécutions de « pieds-noirs » à Oran.

22 juillet : luttes intestines dans l'Algérie indépendante. Ahmed Ben Bella et ses amis annoncent à Tlemcen la formation d'un « Bureau politique » contre le GPRA.

22 août : le général de Gaulle échappe à un attentat au Petit-Clamart, organisé par un commando de l'OAS.

Fin août : incidents sanglants entre wilayas rivales en Algérie. Début d'exactions contre les harkis.

9 septembre : l'Armée nationale populaire (ANP) commandée par le colonel Houari Boumediene fait son entrée à Alger.

Bibliographie et filmographie

Dans la masse d'ouvrages consacrés à la guerre d'Algérie, la bibliographie qui suit est loin d'être exhaustive. Elle privilégie les ouvrages les plus récents, accessibles, qui contribuent à faire avancer la connaissance historique et dont la variété permet de croiser les regards sur la France et l'Algérie en guerre. Ne figurent pas la plupart des livres parus pendant la guerre elle-même, dès 1955, et qui ont pris, depuis, valeur de sources pour l'historien. Cent quarante titres d'ouvrages ont été retenus dans cette sélection.

I. Les fondements de la guerre, l'Algérie avant 1954

AGERON Ch. R. et JULIEN Ch. A., *Histoire de l'Algérie contemporaine*, PUF, Paris, 1979, 2 vol.

ARON R., (sous la dir. de), *Les Origines de la guerre d'Algérie*, Fayard, Paris, 1962.

KADDACHE M., *Histoire du nationalisme algérien*, SNED, Alger, 1980, 2 vol.

MARTIN L., *Histoire de l'Algérie française*, Laffont, Paris, 1979.

NOUSCHI A., *La Naissance du nationalisme algérien*, Éd. de Minuit, Paris, 1962.

STORA B., *Les Sources du nationalisme algérien*, L'Harmattan, Paris, 1989.

STORA B., *Histoire de l'Algérie coloniale, 1830-1954*, La Découverte, coll. « Repères », Paris, 1991.

VATIN J. C., *L'Algérie politique : histoire et société*, Presses de la FNSP, Paris, 1983.

II. Ouvrages généraux sur l'ensemble de la guerre d'Algérie

ALLEG H., (sous la dir. de), *La Guerre d'Algérie*, Temps actuels, Paris, 3 vol.

AZIZ Ph., *Le Drame de l'Algérie française*, Idegraf et Vernoy, Genève, 1980, 2 vol.

BEYSSADE P., *La Guerre d'Algérie*, Culture Arts Loisirs, Paris, 1968.

BATTY P., *La Guerre d'Algérie*, B. Barrault, Paris, 1989.

CHIKH S., *L'Algérie en armes ou le temps des certitudes*, Économica, OPU, Paris/Alger, 1981.

COURRIÈRE Y., *La Guerre d'Algérie*, R. Laffont, « Bouquins », Paris, 1990, 2 vol.

DROZ B. et LEVER E., *Histoire de la guerre d'Algérie*, Le Seuil, Paris, 1982.

EVENO P. et PLANCHAIS J., *La Guerre d'Algérie*, La Découverte/*Le Monde*, Paris, 1989.

GERVEREAU L., RIOUX J.-P. et STORA B., *La France en guerre d'Algérie*, BDIC, Paris, 1992.

HORNE A., *Histoire de la guerre d'Algérie*, Albin Michel, Paris, 1980.

LE MIRE H., *Histoire militaire de la guerre d'Algérie*, Albin Michel, Paris, 1982.

MICHAL B. (sous la dir. de), *Le Destin tragique de l'Algérie française*, Cremille, Genève, 1971, 4 vol.

MONTAGNON P., *La Guerre d'Algérie*, Pygmalion, Paris, 1984.

PAILLAT C., *La Liquidation*, Laffont, Paris, 1972.

RIOUX J.-P. (sous la dir. de), *La Guerre d'Algérie et les Français*, Fayard, Paris, 1990.

SERVAN-SCHREIBER J.-J., *La Guerre d'Algérie*, Éd. n° 1, Paris, 1982.

TEGUIA M., *L'Algérie en guerre*, OPU, Alger, 1982.

TRIPIER Ph., *Autopsie de la guerre d'Algérie*, France-Empire, Paris, 1972.

III. Ouvrages sur la période de la guerre

AGERON C. R., *La Décolonisation française*, A. Colin, Paris, 1991.

BERSTEIN S., *La France de l'expansion — 1958-1969*, Le Seuil, Paris, 1989.

BOUCHE D., *Histoire de la colonisation française, flux et reflux*, Fayard, Paris, 1991.

BOURDIEU P., *Sociologie de l'Algérie*, PUF, Paris, 1963.

BOURDIEU P., SAYAD A., *Le Déracinement : la crise de l'agriculture traditionnelle en Algérie*, Éd. de Minuit, Paris, 1977 (rééd.).

GIRARDET R., *L'Idée coloniale en France*, La Table ronde, Paris, 1972.

HEYMANN A., *Les Libertés publiques et la guerre d'Algérie*, LDDJ, Paris, 1972.

LACOUTURE J., *1962, Algérie. La guerre est finie*, Éd. Complexe, Bruxelles, 1985.

LAFFONT P., *Histoire de la France en Algérie,* Plon, Paris, 1980.

MARSEILLE J., *Empire colonial et capitalisme français. Histoire d'un divorce*, Le Seuil, Paris, 1989.

PERVILLE G., *De l'Empire français à la décolonisation*, Hachette, Paris, 1991.

REMOND R., *1958, le retour de De Gaulle*, Éd. Complexe, Bruxelles, 1983.

RIOUX J.-P., *La France de la IVe République. 1952-1958*, Le Seuil, Paris, 1983.

RUDELLE O., *De Gaulle et la République*, Plon, Paris, 1988.

TILLION G., *Les Ennemis complémentaires*, Éd. de Minuit, Paris, 1960.

VAISSE M., *1961, Alger, le putsch*, Éd. Complexe, Bruxelles, 1983.

VIANSSON-PONTÉ P., *Histoire de la République gaullienne*, R. Laffont, « Bouquins », Paris, 1984.

WINOCK M., *La République se meurt, 1956-1958*, Gallimard, Paris, 1985.

IV. Ouvrages sur les groupes engagés, concernés par cette guerre

1. L'armée, les officiers

FIELD J. A. et HUDNUT T. C., *L'Algérie, De Gaulle et l'armée*, Arthaud, Grenoble, 1975.

GIRARDET R., *La Crise militaire française, 1945-1962*, A. Colin, Paris, 1964.

KELLY G. A., *Soldats perdus*, Fayard, Paris, 1967.
PLANCHAIS J., *Histoire politique de l'armée. De de Gaulle à de Gaulle*, Le Seuil, Paris, 1967.

2. Les soldats, les appelés

BERGOT E., *La Guerre des appelés en Algérie*, Presses de la Cité, Paris, 1986 et 1992, 2 vol.
GARANGER M., *La Guerre d'Algérie vue par un appelé du contingent*, Le Seuil, Paris, 1984.
LEMALLET M., *Lettres d'Algérie, la guerre des appelés*, J.-C. Lattès, Paris, 1992.
ORR A., *Ceux d'Algérie*, Payot, Paris, 1990.
ROTMAN P. et TAVERNIER B., *La Guerre sans nom*, Le Seuil, Paris, 1992.
Témoignage. La guerre d'Algérie, les combats du Maroc et de la Tunisie, FNACA, Paris, 1987.
VITTORI J.-P., *Nous les appelés d'Algérie*, Stock, Paris, 1977.

3. Sur le FLN, les Algériens

BEDJAOUI M., *La Révolution algérienne et le droit*, Éd. Association internationale des juristes démonites, Bruxelles, 1961.
DUCHEMIN J.-C., *Histoire du FLN*, La Table ronde, Paris, 1962.
FAVROD Ch. H., *Le FLN et l'Algérie*, Plon, Paris, 1962.
GADANT M., *Islam et nationalisme à travers « El Moudjahid » 1956-1962*, L'Harmattan, Paris, 1988.
HARBI M., *Le FLN, mirage et réalité*, Jeune Afrique, Paris, 1980.
HARBI M., *Les Archives de la révolution algérienne*, Jeune Afrique, Paris, 1981.
LYOTARD J.-F., *La Guerre des Algériens*, Galilée, Paris, 1989.
MANDOUZE A., *La Révolution algérienne par les textes*, Maspero, Paris, 1961.
PERVILLÉ G., *Les Étudiants algériens de l'Université française*, CNRS, Paris, 1984.
STORA B., *Dictionnaire biographique de militants nationalistes algériens*, L'Harmattan, Paris, 1985.

4. Sur l'OAS

DELARUE J., *L'OAS contre de Gaulle*, Fayard, Paris, 1981.
KAUFER R., *L'OAS, histoire d'une organisation secrète*, Fayard, Paris, 1986.
OAS parle, Julliard, coll. « Archives », Paris, 1964.
SUSINI J.-J., *Histoire de l'OAS*, La Table ronde, Paris, 1963.

5. Sur les pieds-noirs, les Juifs d'Algérie

CARDINAL M., *Les Pieds-Noirs*, Belfond, Paris, 1988.
ÉTIENNE B., *Les Européens d'Algérie et l'indépendance algérienne*, CNRS, Paris, 1968.
HUREAU J., *La Mémoire des pieds-noirs*, Olivier Orban, Paris, 1987.
Les Juifs d'Algérie, images et textes, Éd. Scribe, Paris, 1987.
LECONTE D., *Les Pieds-Noirs, histoire et portrait d'une communauté*, Le Seuil, Paris, 1980.
NORA P., *Les Français d'Algérie*, Julliard, Paris, 1961.

6. Sur les harkis

BOUALEM B., *Les Harkis au service de la France*, France-Empire, Paris, 1983.
JASSERON R., *Les Harkis en France*, Éd. du Fuseau, Paris, 1965.
FLEURY G., *Harkis, les combattants du mauvais choix*, Bellamy et Martet, Paris, 1976.
PEJU P., *Les Harkis à Paris*, Maspero, Paris, 1961.
ROUX M., *Les Harkis, les oubliés de l'histoire*, La Découverte, Paris, 1991.

7. Sur les immigrés algériens

EINAUDI J.-L., *La Bataille de Paris. 17 octobre 1961*, Le Seuil, Paris, 1991.
HAROUN A., *La VIIᵉ Wilaya. La guerre du FLN en France (1954-1962)*, Le Seuil, Paris, 1986.

STORA B., *Aide-mémoire de l'immigration algérienne, 1922-1962*, L'Harmattan, Paris, 1992.
STORA B., *Ils venaient d'Algérie*, Fayard, Paris, 1992.

8. Sur les partis politiques français

JURQUET J., *La Révolution nationale et le PCF*. Éd. du Centenaire, Paris, 1972-1984, 4 vol.
MAQUIN E., *Le Parti socialiste et la guerre d'Algérie (1954-1958)*, L'Harmattan, Paris, 1990.
MONTCHABLON P., *Histoire de l'UNEF (1956-1968)*, PUF, Paris, 1983.
MONETA J., *Le PCF et la question algérienne*, Maspero, Paris, 1971.
SIVAN E., *Communisme et nationalisme en Algérie*, Presses de la FNSP, Paris, 1976.

9. Sur l'Église

BEDARIDA F. et FOUILLOUX E., *La Guerre d'Algérie et les chrétiens*, Éd. CNRS, IHTP, Paris, 1988.
BOISSON-PRADIER, *L'Église et l'Algérie*, Études et Recherches historiques, Paris, 1967.
MAILLARD DE LA MORANDAIS A., *L'honneur est sauf*, Le Seuil, Paris, 1990.
NOZIÈRE A., *Algérie, les chrétiens dans la guerre*, CANA, Paris, 1979.

10. Sur les opposants à la guerre d'Algérie

BIONDI J.-P., *Les Anticolonialistes, 1881-1962*, R. Laffont, Paris, 1992.
EINAUDI J.-L., *L'Affaire Iveton*, L'Harmattan, Paris, 1986.
GUÉRIN D., *Quand l'Algérie s'insurgeait — 1954-1962*, La Pensée sauvage, Paris, 1979.
HAMON H. et ROTMAN P., *Les Porteurs de valises. La résistance française à la guerre d'Algérie*, Le Seuil, Paris, 1981.
VIDAL-NAQUET P., *La Torture dans la République*, La Découverte/Maspero, Paris, 1983.

V. Biographies des principaux acteurs

BECCARIA L., *Hélie de Saint-Marc*, Perrin, Paris, 1988.

FRANCOS A. et SERINI J.-P., *Un Algérien nommé Boumediene*, Stock, Paris, 1976.

GANDY A., *Salan*, Perrin, Paris, 1990.

HAMDANI A., *Le Lion des djebels, Krim Belkacem*, Balland, Paris, 1973.

LACOUTURE J., *Pierre Mendès France*, Le Seuil, Paris, 1981.

LACOUTURE J., *De Gaulle, le souverain*, Le Seuil, Paris, 1986.

MERLE R., *Ahmed Ben Bella*, Gallimard, Paris, 1965.

STORA B., *Messali Hadj*, L'Harmattan, Paris, 1986.

VI. Autobiographies, mémoires

ABBAS F., *Autopsie d'une guerre*, Garnier, Paris, 1980.

AïT AHMED H., *L'affaire Mécili*, La Découverte, Paris, 1989.

ARGOUD A., *La Décadence, l'imposture et la tragédie*, Fayard, Paris, 1974.

BENKHEDDA B., *Les Origines du 1er novembre 1954*, Éd. Dahlab, Alger, 1989.

BENYAHIA M., *La Conjuration au pouvoir — Récits d'un maquisard*, Arcantère, Paris, 1988.

BIGEARD M., *Pour une parcelle de gloire*, Plon, Paris, 1975.

BOLLARDIÈRE J., *Bataille d'Alger, bataille de l'homme*, Desclée, Paris, 1972.

BOUALEM B., *Mon pays la France*, Press Pocket, Paris, 1973.

BUIS G., *La Grotte*, Le Seuil, Paris, 1988.

BURON R., *Carnets politiques de la guerre d'Algérie*, Plon, Paris, 1965.

DAHLAB S., *Mission accomplie pour l'indépendance de l'Algérie*, Éd. Dahlab, Alger, 1990.

DANIEL J., *La Blessure*, Grasset, Paris, 1982.

DEBRÉ M., *Gouverner — Mémoires — 1958-1962*, Albin Michel, Paris, 1988.

GAULLE Ch. DE, *Mémoires d'espoir — Le Renouveau : 1958-1962*, Plon, Paris, 1970.

GAULLE Ch. DE, *Discours et messages — Avec le Renouveau — 1958-1962*, Plon, Paris, 1970.

JOUHAUD E., *Serons-nous enfin compris ?*, Albin Michel, Paris, 1984.

MASSU J., *La Vraie Bataille d'Alger*, Plon, Paris, 1971.

MAURIAC C., *Nouveaux Blocs-notes*, Flammarion, Paris, 1968.

ROY J., *Mémoires barbares*, Albin Michel, Paris, 1989.

SOUSTELLE J., *Vingt-huit ans de gaullisme*, La Table ronde, Paris, 1968.

· TRICOT B., *Les Sentiers de la paix en Algérie, 1958-1962*, Plon, Paris, 1972.

VIDAL-NAQUET P., *Face à la raison d'État. Un historien dans la guerre d'Algérie*, La Découverte, Paris, 1989.

ZELLER A., *Dialogues avec un général*, Presses de la Cité, Paris, 1974.

VII. Essais — autour de la guerre d'Algérie

ARON R., *La Tragédie algérienne*, Plon, Paris, 1957.

DANIEL J., *De Gaulle et l'Algérie*, Le Seuil, Paris, 1986.

FANON F., *Sociologie d'une révolution — L'An V de la révolution algérienne*, Maspero, Paris, 3e éd. 1970.

FRÉMONT A., *Algérie, Al Djazaïr, les carnets de guerre et de terrain d'un géographe*, Maspero, Paris, 1982.

LACHERAF M., *L'Algérie, nation et société*, Maspero, Paris, 1965.

RATTE Ph. et THEIS L., *La Guerre d'Algérie ou le temps des méprises*, Mame, Tours, 1974.

ROY J., *La Guerre d'Algérie*, Julliard, Paris, 1960.

STORA B., *La Gangrène et l'oubli — La mémoire de la guerre d'Algérie*, La Découverte, Paris, 1991.

VII. Quelques romans

BONJEAN C., *Lucien chez les barbares*, Calmann-Lévy, Paris, 1976.

BOUDJEDRA R., *Le Vainqueur de coupe*, Denoël, Paris, 1981.

CARDINAL M., *Au Pays de mes racines*, Grasset, Paris, 1980.

CARRIÈRE J.-C., *La Paix des braves*, Le Pré aux Clercs, Paris, 1989.

DAENINCKX D., *Meurtres pour mémoire*, Gallimard, Paris, 1991.

ETCHERELLI C., *Élise ou la vrai vie*, Gallimard, Paris, 1967.

FERDI S., *Un enfant dans la guerre*, Le Seuil, Paris, 1982.

KLOTZ C., *Les Appelés*, Lattès, Paris, 1982.

LABRO P., *Des feux mal éteints*, Gallimard, Paris, 1967.

MIMOUNI R., *Tombeza*, Robert Laffont, Paris, 1984.

RÉMY P.-J., *Algérie, bords de Seine*, Albin Michel, Paris, 1992.

SYREIGOL J., *Un mort dans le djebel*, Gallimard, Paris, 1990.

TODD O., *La Négociation*, Grasset, Paris, 1989.

VIII. Quelques films

Pour un recensement, plus exhaustif, des films consacrés à la guerre d'Algérie, on pourra se reporter à l'ouvrage paru en 1992, *France-Algérie, images d'une guerre*, dossier réuni par Mouloud MIMOUN (éditions Institut du Monde arabe). Les auteurs, dans leur répertoire, ont recensé cent cinquante-sept films de fiction et documentaires tournés et sortis entre 1958 et 1992, du côté français et algérien, pour le cinéma et la télévision. Il n'est fait mention ici que de quelques titres (32), les plus marquants. La date indiquée est celle de la sortie en circuit commercial, sauf dans les cas où l'écart avec la date de réalisation excède un an.

Films

1960-1963 : *Adieu Philippine*, Jacques ROSIER
1962 : *Octobre à Paris*, Jacques PANIJEL
1960-1963 : *Le Petit Soldat*, Jean-Luc GODARD
1962 : *Les Oliviers de la justice*, James BLUE
1963 : *Muriel*, Alain RESNAIS
1963 : *La Belle Vie*, Robert ENRICO
1964 : *L'Insoumis*, Alain CAVALIER
1966 : *Les Centurions*, Mark ROBSON
1966 : *La Bataille d'Alger*, Gillo PONTECORVO
1966 : *Le Vent des Aurès*, Mohamed LAKHDAR-HAMINA

1968 :	*Adieu l'ami*, Jean HERMAN
1968 :	*Élise ou la vraie vie*, Michel DRACH
1972 :	*Avoir vingt ans dans les Aurès*, René VAUTIER
1973 :	*RAS*, Yves BOISSET
1975 :	*Chronique des années de braise*, Mohamed LAKHDAR-HAMINA
1976 :	*La Question*, Laurent HEYNEMANN
1977 :	*Le Crabe-tambour*, Pierre SCHOENDOERFER
1978 :	*Le Coup de sirocco*, Alexandre ARCADY
1979 :	*Certaines nouvelles*, Jacques DAVILA
1982 :	*L'Honneur d'un capitaine*, Pierre SCHOEN-DOERFER
1982 :	*Les Sacrifiés*, Okacha TOUITA
1983-1986 :	*Les Folles Années du twist*, Mahmoud ZEMMOURI
1984 :	*Liberté la nuit*, Philippe GAREL
1984 :	*Louise, l'insoumise*, Charlotte SILVERA
1988 :	*Cher frangin*, Gérard MORDILLAT
1989 :	*Outre-mer*, Brigitte ROÜAN
1990 :	*Le Vent de la Toussaint*, Gilles BEHAT

Documentaires

La Guerre d'Algérie, d'Yves COURRIÈRE et Philippe MONNIER, document de 1972, Éd. Montparnasse. Deux cassettes vidéo. Un montage de documents d'archives de deux heures.

La Guerre d'Algérie, de Peter BATTY, 1984, Cinq parties de 52 minutes, composées de documents d'archives, avec des témoignages des grands acteurs du conflit.

Les Années algériennes, de P. Alfonsi, B. Favre, P. Pesnot et B. Stora, 1992, Éd. René Château Vidéo. Quatre parties d'une heure. Essentiellement un travail sur la mémoire d'acteurs anonymes, victimes de cette guerre.

La Guerre sans nom, de B. Tavernier et P. Rotman, 1992. Des récits d'appelés de la guerre d'Algérie de la région de Grenoble.

Le Silence du fleuve, d'Agnès Denis et M. Lallaoui, 1992. Un documentaire, d'une heure, sur la journée tragique du 17 octobre 1961 à Paris.

Table

La collection « Repères »
est animée par Jean-Paul Piriou
avec Bernard Colasse, Françoise Dreyfus,
Hervé Hamon, Dominique Merllié
et Christophe Prochasson

Collection « Guides Repères »

Collection « Dictionnaires Repères »

La collection Repères *est animée par Jean-Paul Piriou, avec la collaboration de Bernard Colasse, Hervé Hamon, Dominique Merllié et Christophe Prochasson.*

Composition Facompo, Lisieux (Calvados)
Achevé d'imprimer en octobre 1999
sur les presses de l'imprimerie Carlo Descamps,
Condé-sur-l'Escaut (Nord)
Dépôt légal : juin 1995
Troisième tirage
ISBN 2-7071-2183-5